Le couple au risque de la durée

Des mêmes auteurs

Françoise Sand

M comme amour (livret pour les jeunes et livret pédagogique), Ed. Droguet et Ardant.

Pour dire L'Amour, Ed. Laboureur.

L'Éducation sexuelle au temps du sida, Ed. Privat (ouvrage collectif), 1993.

Amitiés et adolescence, Ed. du Cerf, 1997.

Yves de Gentil-Baichis

La famille en effervescence, Centurion, 1981.

Les jeunes, tendres, angoissés, provocateurs, La Croix Salvator, 1985.

Vivre avec celui qui va mourir, entretiens avec le dr Maurice Abiven, Centurion, 1990.

Une éthique au risque de l'Évangile, entretiens avec Xavier Thévenot, Desclée de Brouwer, 1993.

Sous le soleil de Dieu, entretiens avec Henri Madelin sj., Bayard Éditions, 1996.

Françoise Sand
Entretiens avec
Yves de Gentil-Baichis

Le couple au risque de la durée

DESCLÉE DE BROUWER

76 *bis*, rue des Saints-Pères, 75007 Paris
ISBN 2-220-04177-8

Avant-propos

Qu'arrive-t-il aux couples contemporains? Savent-ils encore s'y prendre pour aimer dans la durée? Tout se passe comme si les hommes et les femmes de cette fin de siècle éprouvaient de plus en plus de difficultés à vivre longtemps ensemble. Et l'on a l'impression que, dans certaines familles, le conflit devient l'une des formes habituelles de la relation conjugale. Comme si l'amour, qui depuis des générations rapproche les êtres, ne parvenait plus à assurer des liens durables dans les familles. Certes, le paysage a beaucoup changé au cours de ce siècle. Les femmes se sont débarrassées de leur rôle de compagne soumise, vivant plus ou moins dans l'ombre de leur mari, et les hommes n'ont pas tous saisi la légitimité de cette évolution.

D'autre part, les repères sociaux qui aidaient à maintenir la cohésion du couple s'effacent progressivement et les convictions religieuses aident de moins en moins de conjoints dans leur vie quotidienne.

Il est vrai que le couple a subi des évolutions internes considérables. Pendant longtemps, l'affectivité n'intervenait guère dans le choix du partenaire, le mariage ayant d'abord pour but la survie du groupe. On s'épousait moins par amour que pour assurer la continuité des générations et maintenir le patrimoine familial.

Aujourd'hui, les perspectives ont changé. On ne se marie plus pour survivre mais pour être heureux ensemble, le mariage devenant « un pacte privé pour le bonheur » selon l'expression du démographe Louis Roussel. Dans une société impitoyable pour tous ceux qui n'ont pas la trempe de vainqueurs, le désir d'être pleinement heureux à deux tend à faire du couple un espace mythique permettant d'atténuer et de compenser tous les revers de l'existence. Les attentes à l'égard de la vie conjugale sont donc considérables, et c'est sans doute ce qui la rend si fragile.

Aussi n'est-il pas inutile de comprendre comment fonctionne le couple moderne, qui doit progressivement passer du rêve à la réalité et tenir compte des évolutions rarement parallèles des partenaires. Car les amoureux ne peuvent figer le temps et croire qu'ils vont s'aimer de la même manière le jour de leur mariage et quinze ou vingt ans plus tard.

Pour mieux comprendre comment se font et se défont les relations chez les amoureux d'aujourd'hui, nous avons fait appel à l'expérience de Françoise Sand. Professeur de biologie et conseillère conjugale, elle a suivi de très nombreux conjoints déconcertés par les aléas de la vie conjugale.

Elle ne propose pas de recette magique pour garantir la réussite amoureuse mais elle montre que l'échec n'est pas une fatalité. Beaucoup de couples pourraient éviter les ruptures s'ils savaient mieux gérer les inévitables conflits de la vie quotidienne. Et surtout s'ils découvraient le pouvoir d'une parole vraie pour restaurer et assurer la confiance entre les conjoints.

En termes simples et accessibles, Françoise Sand, qui réussit un subtil dosage de lucidité et de sagesse, nous aide à mieux comprendre la riche aventure des couples contemporains.

Yves de Gentil-Baichis

1

Quand l'un évolue et l'autre pas

– *Une conseillère conjugale entend de nombreux couples parler de leurs difficultés. Quelles questions reviennent le plus souvent?*

– Dans les débats qui suivent les formations et les conférences que j'assure, jeunes couples, parents, grands-parents posent beaucoup de questions sur la difficulté du choix amoureux aujourd'hui. Comment choisir son conjoint? Comment savoir si le couple tiendra et s'il franchira « l'épreuve » de la durée? Ces problèmes préoccupent d'autant plus que les gens savent qu'un mariage sur trois cassera (un sur deux en région parisienne). Et certains se demandent si se marier avec la même personne pour toujours n'est pas complètement utopique. Plusieurs fois j'ai entendu la thèse selon laquelle la vie « normale » d'un couple serait d'une vingtaine d'années et qu'au-delà, par une sorte de nécessité interne de renouvellement, les conjoints seraient amenés à changer de partenaire.

En fait, je constate que les questions liées aux relations de couple intéressent vivement nos contemporains.

– Qu'observez-vous au niveau des gens que vous recevez individuellement? Quelles sont leurs difficultés essentielles?

– Je ne les reçois pas tous en période de crise aiguë. Certains viennent pour un « mal-être » latent dans leurs relations conjugales qui se révèle à l'occasion d'un changement dans leur vie familiale. Par exemple, les enfants grandissent, ne veulent plus passer leurs vacances en famille, et les parents se retrouvent donc seuls l'été. Ou bien le face à face conjugal dure toute l'année si leurs jeunes vont faire des études au loin. Le chômage est aussi une épreuve dans la mesure où les conjoints doivent vivre un bouleversement des rôles qui les inquiète. La retraite peut également révéler des tensions que la vie active occultait en partie.

C'est souvent à l'occasion d'un événement extérieur que l'un des partenaires s'interroge et vient consulter le conseiller conjugal. Il veut alors essayer de voir plus clair dans son malaise et savoir ce qu'il faut faire pour améliorer la situation.

Aujourd'hui, ceux qui viennent consulter en couple sont de plus en plus nombreux.

– Je vous pose une question sans doute naïve : l'amour ne permet-il pas de surmonter les difficultés en rapprochant des personnes différentes par leur caractère, leur histoire, leur condition sociale?

– Au départ, le sentiment amoureux donne l'impression que celui que l'on a rencontré est vraiment l'homme ou la femme que l'on cherchait depuis toujours. Et la conviction que l'autre est vraiment l'unique s'impose avec une évidence et une force tout à fait extraordinaires qui transforment notre vie.

Mais ce sentiment amoureux est fondé pour une part sur une illusion, car ce n'est pas vraiment l'autre que nous aimons, mais celui que construisent nos rêves et nos désirs.

Le véritable amour va consister à passer de ce stade imaginaire à la découverte de l'autre tel qu'il est réellement, à consentir à ce qu'il ait sa personnalité, ses qualités propres et ses manques, et à se réjouir de cette découverte. Et l'amour apparaît quand on s'attache à son partenaire en sachant davantage ce qu'il est en réalité.

– *Tous les conjoints font-ils cet itinéraire?*

– Malheureusement non, et certains ne se consolent pas de ne pas retrouver en l'autre celui que leur imaginaire avait façonné. Cette déception peut déboucher sur une rupture mais aussi sur une vie de couple peu satisfaisante et chaotique où l'un est toujours tenté de confronter son partenaire à l'image idéale qui subsiste dans un coin de sa tête.

Il n'est pas toujours facile de passer de l'illusion amoureuse à l'amour réaliste

– *Concrètement, comment se traduit l'insatisfaction de ceux qui viennent vous voir?*

Des petits incidents révélateurs

– Je vois beaucoup de gens qui ne sont pas satisfaits de leurs relations car ils entrent en conflit à l'occasion de scénarios répétitifs. On observe par exemple des disputes qui éclatent à partir de menus incidents qui, en soi, ne devraient pas provoquer de conflits. Je pense à ce jeune couple qui s'accroche lors d'un repas au moment de manger du poisson : l'un se met en colère quand il découvre que l'autre a presque entièrement utilisé le citron. Ils finissent par se calmer, mais quelques jours plus tard, nouvelle explosion pour une bricole du même genre.

Même s'ils accusent toujours le partenaire d'avoir commencé et d'être à l'origine du conflit, ces conjoints éprouvent une souffrance réelle de ne pouvoir arriver à s'entendre car ils tiennent l'un à l'autre et craignent qu'à la longue ces heurts ne cassent leur couple.

– Mais s'ils ont conscience de la gravité de ces « incidents », pourquoi ne parviennent-ils pas à arrêter la dispute quand ils la sentent venir?

– On a l'impression que dans certains couples, tout se passe comme si les partenaires étaient victimes d'une fatalité : c'est plus fort qu'eux, ils ne peuvent s'empêcher de se disputer.

Par exemple, peu après l'incident du citron, un autre conflit s'est produit quand la jeune femme a demandé de l'eau à table. Son mari, marqué par son éducation familiale, ne remplissait les verres qu'à moitié, or elle voulait un verre plein et ce minuscule désaccord a dégénéré.

Dans ce cas-là, l'autre a peur de la violence qu'il découvre chez son partenaire. Il est d'autant plus désemparé qu'il ne comprend pas les raisons d'un comportement agressif qu'il alimente parfois avec ses maladresses.

Une fois, j'ai proposé à ce couple d'abandonner le combat plutôt que de chercher à tout prix à avoir le dernier mot. Quand je les ai revus, ils m'ont dit que l'expérience avait été positive parce que la femme, qui était à l'origine de la violence, s'était rendu compte qu'elle avait à sa disposition d'autres moyens, en particulier la fuite, pour éviter les bagarres qui finissaient par des injures et des coups.

– Mais, en profondeur, comment pouvez-vous aider un tel couple à sortir de cet affrontement rituel infernal?

Que s'est-il passé autrefois?

– On essaye d'abord de comprendre ce qui sous-tend ces accrochages et on cherche à savoir ce qui s'est passé dans leur histoire antérieure. Par exemple, le mari était un garçon doutant beaucoup de lui. Il avait perdu sa situation et ne savait pas ce qu'il voulait faire à cette période de sa vie. Ces hésitations et cette incertitude déstabilisaient sa femme qui, fille d'un père immigré, manifestement un homme fort, était une battante. Et elle souffrait de ne pas avoir auprès d'elle une présence masculine sécurisante.

De son côté, ce garçon avait souffert d'une mère envahissante, possessive, une mère « dragon ». Souvent obligé de se couler dans les projets que sa mère faisait pour lui, il n'avait pas pu faire les études souhaitées. Et chaque fois que sa femme faisait preuve d'autorité, il réagissait par une vive violence. C'était plus fort que lui.

– Le couple a-t-il réussi à briser cet engrenage de violence?

– Je ne sais pas, car ils ont cessé de venir me voir. Elle était forte, mais aussi extrêmement rigide dans sa personnalité. Lui paraissait plus mou, plus incertain mais ouvert à des propositions d'évolution. Or je suppose qu'à un moment donné, elle s'est sentie menacée dans sa structure psychique, par obligation de se remettre en cause si elle voulait améliorer leur entente.

– Mais qu'aurait pu signifier une remise en cause de sa part?

– Cela voulait dire qu'elle aurait dû cesser d'être la femme des certitudes, celle qui savait toujours ce qu'il fallait faire. Son histoire est intéressante pour comprendre son attitude.

À la suite d'un sérieux accroc de santé, elle n'avait pu être professeur d'éducation physique. Pour surmonter son handicap, elle avait rebondi, mâtant son corps et s'exerçant aux sports de combat. Ayant réussi à cacher sa faiblesse, elle était persuadée que le seul moyen de réussir dans la vie était d'être une battante et de faire preuve d'énergie volontariste.

Elle n'imaginait pas qu'il puisse y avoir d'autres manières de se situer dans le monde.

– Pour améliorer la relation avec son mari, elle aurait été obligée de changer la structure de sa personnalité, c'est-à-dire la manière dont elle parvenait à résoudre ses problèmes. Mais est-ce possible?

– Je le crois, mais cette remise en cause de son fonctionnement habituel lui a paru trop difficile à réaliser à ce moment-là.

– Quel autre genre de crise peut amener les couples à consulter un conseiller conjugal?

Nous ne pourrons plus continuer

– Après ceux qui ne peuvent pas évoluer, il y a ceux qui au contraire, par leur évolution imprévue, remettent en cause l'équilibre du couple. Je pense à cet homme qui, au moment d'une retraite anticipée, décide de suivre une thérapie, car il se sent mal à l'aise. Il découvre alors des choses sur lui qui l'amènent à changer de comportement. Mais du coup sa femme se trouve complètement perturbée. Et il en arrive à lui dire « si toi aussi, tu ne changes pas, nous ne pourrons plus continuer ». Ce fut pour elle une véritable décharge électrique.

– Mais pourquoi voulait-il l'obliger à changer, elle?

– En fait, ses difficultés psychologiques étaient dues en partie à l'attitude de sa femme qui, depuis leur mariage, exerçait sur lui une véritable emprise. On comprend mieux leur situation quand on connaît l'histoire de l'épouse. Ayant perdu sa mère très jeune, élevée par une belle-mère qui ne l'aimait guère, elle avait le sentiment que son père l'avait abandonnée. Quand elle s'est mariée, elle est entrée dans une famille très chaleureuse qui l'a bien accueillie. Elle a eu alors le sentiment de retrouver toute sa sécurité, surtout pendant la période où elle était la seule belle-fille.

Mais d'autres belles-sœurs sont arrivées et, de nouveau, elle a été saisie par un sentiment d'abandon. D'où, chez elle, le bouillonnement d'une violence rentrée qui a profondément perturbé son mari et ses enfants. Ces tensions ont persisté avec ses filles devenues adultes et avec son gendre. Sa hantise de l'abandon l'amenait à ne pas supporter le moindre imprévu dans sa vie et donc à laisser le moins de liberté possible aux autres.

Mais son mari, lui, avait compris, à l'occasion de sa psychothérapie, à quel point il était soumis à sa femme et n'avait pas suffisamment osé dire « je ». Or il voulait que cette situation cesse.

Aujourd'hui, sa femme vit mal cette évolution car elle a l'impression que son mari lui échappe complètement. Ainsi, comme il s'occupe d'une association de chômeurs chez lui, elle note que quand elle l'appelle pour le repas, il met 10 minutes avant d'arriver car il veut achever ce qu'il a commencé. Il a beau lui expliquer qu'il traite un dossier difficile, elle ne supporte pas ce retard. Et elle pointe dans la vie quotidienne, tous les petits indices de l'« insoumission » de son mari. Mais celui-ci, sentant qu'elle n'accepte pas son évolution personnelle, est allé jusqu'à la menacer de se séparer d'elle. Bien sûr, cette déclaration a réactivé le sentiment d'abandon vécu dans l'enfance.

– Que faites-vous pour aider ce couple à retrouver son équilibre?

– Mon rôle est de réconforter la petite fille blessée devenue une épouse et une mère de famille écorchée vive qui empoisonne la vie de tout son entourage.

– Est-elle consciente d'être ainsi invivable pour les autres?

– Oui et elle me rapporte fidèlement les déclarations de ses filles lui disant : « Quand j'étais petite, tu me faisais peur » ou bien « laisse à papa un peu plus de liberté ». Mais, barricadée derrière ses défenses, elle me déclare : « Que voulez-vous, moi je suis comme ça et je n'y peux rien. » Mon rôle est alors d'essayer de lui faire prendre conscience qu'elle pourrait changer d'attitude sans que cette évolution la rende plus fragile et vulnérable.

Peut-être la situation commence-t-elle à évoluer dans ce couple car, après l'avoir entendue me dire maintes fois qu'elle perdait son temps avec moi, j'ai observé que si, en raison d'une urgence, je déplaçais un de leur rendez-vous, elle se sentait décontenancée.

– On peut donc dire que la vie de couple est fortement menacée quand l'un des partenaires se montre rigide et incapable de s'adapter et d'évoluer.

– Certainement. Nous nous construisons d'une certaine manière à partir de notre enfance et si la structure personnelle que chacun a mise sur pied pour affronter les événements de la vie est trop sclérosée, la moindre adaptation se révèle impossible, car toute évolution est une menace pour l'identité de celui qui devrait changer. « Je vais faire mon malheur et celui de mon enfant, mais je ne peux pas changer. Je n'attends plus rien, je n'aime plus Nicolas, je suis épuisée, morte » (femme de 39 ans). Dès lors, la vie de couple devient extrêmement difficile, sinon impossible. Pour que le couple dure, les adaptations sont nécessaires : il faut quitter ses habitudes, ses manies, accepter les changements et ne pas se figer dans les mêmes perspectives.

Une famille prise dans du béton

– Vous avez pris l'exemple de deux femmes particulièrement rigides, est-ce une caractéristique féminine?

– Dans une famille, on attend beaucoup d'une femme car on lui demande souvent d'être celle qui aplanit les difficultés relationnelles. Aussi, quand une mère est trop rigide, tout le monde en pâtit : le conjoint, les enfants, les parents et les beaux-parents. Impossible alors de faire comme s'il n'y avait aucun problème.

Un homme qui ne veut pas se remettre en cause semble moins peser sur le climat familial : il part au travail, revient, lit son journal, regarde la télé puis va se coucher! Sa rigidité caractérielle perturbe moins la vie de la famille et l'on assiste à des coalitions mère-enfant pour essayer de se faufiler entre ses affirmations péremptoires. Mais si la femme, qui est un personnage plus central, ne veut pas évoluer, toute la famille est prise dans du béton.

– Ne peut-on pas dire aussi que les évolutions divergentes peuvent perturber le fonctionnement du couple?

– Si. Je pense à ces conjoints qui vivent une expérience difficile. Elle a été élevée dans un milieu assez austère où l'affectivité ne se manifestait pas. Ils ont d'abord cohabité trois ans ensemble, puis elle le quitte. Lui ne sait pas bien pourquoi elle part ni pourquoi elle revient. Ils se marient, ont un début de vie conjugale sans trop de problème, et elle fait un parcours professionnel brillant. Son métier l'amène à voyager beaucoup, au point d'être absente deux semaines sur quatre. Peu à peu, leurs relations se distendent, en particulier au niveau affectif et sexuel. Son mari souffre d'autant plus de cet effritement que, né dans une famille chaleureuse et conviviale, il avait des attentes très fortes au niveau de la communication conjugale.

Pendant ce temps, il se console en s'occupant beaucoup de ses enfants de 4 et 6 ans. Se sentant délaissé, il s'est coulé complètement dans un rôle maternel, mais sa femme lui reproche de la séparer de ses enfants. Quand elle rentre de ses longs déplacements professionnels, elle a l'impression de ne plus savoir ce qui se passe à la maison. Elle découvre que ses enfants vont plus spontanément vers leur père, et sans doute est-elle un peu culpabilisée d'être absente si souvent.

Mais là encore c'est elle qui me paraît rigide, car elle ne change rien au niveau du dialogue avec son mari. Elle ne veut pas aborder le thème de la sexualité ni évoquer la crise et n'accepte pas de voir un conseiller conjugal. Bref, elle s'interdit absolument de modifier son comportement. De son côté, lui reste encore un enfant qui a besoin d'être materné. Il souhaitait que sa femme soit aussi un peu sa mère. Mais elle s'y refuse complètement.

– Que s'est-il passé, selon vous, dans cette évolution de la jeune femme ?

– Cette femme, qui manquait de confiance en elle, a été dopée par sa réussite professionnelle. Elle ne veut donc pas l'aménager pour accorder plus de place à la vie familiale. Aussi, dans ce couple, la réassurance narcissique ne fonctionne plus car aucun des deux ne renvoie à l'autre une image de lui-même valorisante.

Les trois pôles de l'harmonie

– La sexualité dans le couple est-elle une cause de tension particulière qui peut détruire les relations affectives ou bien les échanges sexuels deviennent-ils déficients quand les partenaires ne communiquent plus sur le plan affectif? Autrement dit, les difficultés au niveau de la sexualité sont-elles les causes ou les conséquences d'une mauvaise entente psychologique?

– L'harmonie du couple fonctionne en réseau et s'appuie sur trois pôles : l'entente affective, la connivence sexuelle et les projets communs. Ce sont ces trois éléments qui donnent un plus-être à leur relation. Si l'un de ces piliers faiblit alors que les deux autres marchent bien, la crise peut être dépassée. Par exemple, certains n'ont pas une relation affective intense mais ils réalisent des projets ensemble et s'entendent bien au niveau sexuel. Le couple peut encore tenir.

Mais s'il y a des ratés à deux niveaux, on court vers l'affrontement. Je prends l'exemple d'un certain nombre de femmes qui attendent beaucoup de la relation affective avec leur mari, la vie sexuelle n'étant pas leur domaine privilégié d'investissement. Mais, pour ne pas déplaire à leur conjoint, elles jouent le jeu. Sentent-elles que l'homme n'est plus très attentif à elles, qu'il regarde ailleurs, alors elles ne font plus aucun effort au niveau des échanges sexuels.

– Vous parlez de l'homme qui regarde « ailleurs », mais qu'est ce qui provoque d'abord les difficultés à ce niveau? Est-ce parce qu'une tierce personne apparaît dans le paysage que la relation conjugale est fragilisée ou bien remarque-t-on un nouveau visage d'homme ou de femme parce que l'entente du couple n'est pas bonne?

– Il est illusoire de penser que la relation entre « toi » et « moi » englobe l'univers entier. L'être humain a tellement besoin d'entrer en relation qu'il est normal, même s'il a fait un choix privilégié, de ne pas être complètement insensible aux autres femmes et hommes qui apparaissent dans le champ de vision.

Aussi est-il très important, quand on fait l'éducation affective des jeunes, de leur parler du vertige illusoire de la lune de miel où l'on croit que l'autre suffit à combler l'univers. Le classique « un seul être vous manque et tout est dépeuplé » ne correspond qu'à l'expérience forcément fugace de l'état amoureux. Je pense que le face à face n'occupe qu'une partie de l'existence et que d'autres relations peuvent apporter un enrichissement. Le tout est de savoir (et c'est là qu'intervient le projet commun) si l'on est bien décidé et ferme dans notre projet de rendre cette relation exclusive et de l'approfondir. Il est dangereux de se marier en se disant « après tout, pourquoi pas un petit écart de temps en temps, puisque d'autres le font ». Et certains couples ont des difficultés à ce niveau, parce que l'un ou l'autre n'excluait pas au départ, dans sa tête, de donner quelques coups de canif au contrat.

Il est vrai aussi qu'une brève aventure de l'un des partenaires n'est pas forcément la fin du monde comme le croient bien des femmes... et quelques hommes!

Savoir gérer les différences de rythme

– *Elles le croient davantage que leur mari?*

– Oui, car les femmes se donnent sans réserve dans l'échange sexuel quand elles sont émues et valorisées sur le plan affectif et sentimental. L'acte sexuel lui-même leur paraît pauvre s'il n'est pas intégré dans une relation d'amour. C'est avec ces lunettes-là qu'elles interprètent l'infidélité. Celle de leur conjoint et la leur propre. « Si mon mari couche avec une autre, c'est que je ne suis plus rien pour lui », pensent-elles. Et si elles-mêmes font un écart, c'est à leurs yeux le signe qu'elles n'aiment plus du tout leur conjoint.

– À ce niveau, comment intervenez-vous?

– On fait un patient travail pour dédramatiser les incartades du partenaire dans la mesure où elles ne sont pas habituelles. Et tous les conseillers conjugaux ont aidé des couples à ne pas se séparer à la suite d'une faiblesse de l'un ou de l'autre.

Il est vrai que l'infidélité du conjoint provoque une profonde blessure narcissique : « Je ne suis plus tout pour lui. » Notre travail consiste alors à faire l'inventaire de tout ce qui a été vécu de positif entre les partenaires, de ce qui dure encore et de ce qui est à construire pour l'avenir. Mais cette reconversion peut demander des mois...

– À quoi correspond exactement la blessure narcissique dans un couple?

– La désidéalisation de l'autre provoque souvent la désidéalisation de soi. Quand l'autre n'est pas exactement ce que je pensais (et cette découverte ne se fait pas seulement dans l'infidélité, mais dans les petits actes de la vie quotidienne), je découvre alors que je n'ai sans doute pas les qualités, ni l'équilibre que j'imaginais. « Moi aussi je me sens solitaire comme un sanglier, minable, incapable de la rendre heureuse », me dit un homme qui ne satisfait pas les attentes sexuelles de son épouse, elle-même révoltée contre sa frigidité qu'elle espérait voir dissipée par la vie conjugale. On croit que l'amour est le seul à pouvoir nous donner un surcroît d'existence alors qu'il y a dans la vie du couple bien autre chose que des sentiments. Je pense en particulier à la créativité qui peut rapprocher les partenaires ou au contraire les séparer s'il y a dysharmonie.

– Dans quels domaines?

– L'un apprécie les voyages, recherche l'imprévu, aime franchir les obstacles, alors que l'autre, plus timoré, craintif, n'ose rien entreprendre ni changer. L'un déborde d'énergie, veut bouger, et l'autre préfère ses pantoufles. Mais si les deux sont sur la même longueur d'ondes pour l'aventure, dans les goûts culturels, les échanges intellectuels ou spirituels, alors les relations dans le couple peuvent être très enrichissantes.

Mais il faut savoir aussi gérer les différences de rythme qu'introduisent le besoin variable de sommeil ou de silence, la maladie, le changement de travail ou une grossesse. Ainsi, une femme enceinte a besoin de répit et n'aime pas trop les bouleversements, alors que la future paternité peut donner à l'homme un dynamisme formidable. Il faut savoir tenir compte de ces ruptures de rythme.

– Comment définiriez-vous le rôle de conseiller conjugal?

– Il est au service du lien qui unit les conjoints. L'homme et la femme sont les principaux acteurs et ce sont eux qui doivent faire le travail d'ajustement. Nous ne sommes que des médiateurs dans cette relation. Quand il y a blocage, nous pouvons faire certaines suggestions pour dénouer les nœuds. Enfin, nous pouvons aussi aider à dédramatiser quand le couple doit vivre avec des nœuds qui persisteront malgré tout.

2

Le poids des sacs à dos

– Dans les relations de couple, quelle est l'importance de l'histoire des partenaires et de ce qu'ils ont vécu dans leur propre famille?

– Le passé des amoureux a beaucoup plus d'importance qu'on ne le croit, même si au moment où le couple se forme, chacun éprouve un tel sentiment d'ouverture et de dynamisme qu'il a l'impression de tout recommencer à zéro et d'entrer dans un monde nouveau et merveilleux. Mais, assez rapidement, les conjoints découvrent avec étonnement que certaines attentes vis-à-vis de l'autre ne sont pas réalisées et qu'apparaissent chez lui des comportements imprévus et surprenants.

Nous réalisons alors que, dans notre vie de couple, nous sommes l'un et l'autre marqués par des impressions affectives beaucoup plus anciennes et que la vie à deux réactive des expériences de l'enfance que l'on croyait enfouies dans le passé. En fait, le choix du partenaire n'a pas été fait au hasard.

– En quel sens exactement?

– C'est déjà vrai au niveau des rencontres avec les personnes susceptibles de faire route avec nous. Les sociologues nous disent que les facteurs sociaux jouent un grand rôle : on se marie beaucoup entre gens du même milieu, ou avec des personnes qui passent leurs vacances au même endroit, qui travaillent dans le même secteur ou qui ont le même type de loisir ou d'engagement.

Mais, à côté de cette explication sociologique portant sur la probabilité des rencontres, on découvre les raisons psychologiques qui nous poussent dans les bras de celui-ci plutôt que de celui-là. C'est le sac à dos dans lequel nous portons notre passé. Finalement, certains disent même qu'il n'y aurait qu'une dizaine de personnes avec lesquelles on peut éventuellement faire un projet de vie commune.

Comme une plaque sensible

– Quel est le contenu exact de cette besace qui semble parfois peser lourdement sur nos relations.

– Nous portons en elle toute notre histoire et les expériences très intenses vécues dans notre famille d'origine avec nos parents, nos frères, nos sœurs, nos camarades d'école et tous les gens rencontrés dans notre enfance. Nous sommes marqués comme une plaque sensible par nos relations et les événements heureux ou malheureux. Nous le savons en partie, mais pas totalement.

– Voulez-vous dire que chacun de nous a besoin pour se réaliser pleinement de tel type de partenaire plutôt que de tel autre, selon ce que nous avons vécu autrefois dans notre famille?

– Oui, nous portons tous en nous une incomplétude, ne serait-ce que parce qu'étant homme ou femme, nous ne représentons pas l'humanité dans sa dimension totale. Nous avons tous une sorte de nostalgie de la plénitude et nous souhaitons trouver en l'autre ce qui nous comblera.

Donc au départ, je pense que le partenaire va m'apporter des qualités, des attentes que je recherche et que, grâce à lui, j'espère pouvoir développer en moi. Ainsi par exemple, un certain nombre de femmes ont des difficultés à se décider car, en faisant des choix, elles ont le sentiment de toujours mal agir et regrettent la décision prise. Aussi sont-elles souvent attirées par quelqu'un qui, apparemment, présente une certaine solidité et de la cohérence dans sa vie. Certains hommes, de leur côté, ont souffert d'avoir une mère manquant de féminité et ils cherchent une femme qui soit féminine et heureuse de l'être.

Ces attentes qui expliquent en partie le choix du conjoint sont conscientes. Mais il est d'autres manques dont nous n'avons pas conscience et qui ont une influence sur notre préférence amoureuse.

– Quelles sont les attentes inconscientes les plus courantes chez ceux qui viennent vous voir?

– Certains hommes vont demander à leur femme d'être très maternante au début du mariage, car leur propre mère ne l'a pas été assez. Mais dix ans plus tard, ayant mûri, peut-être ne supporteront-ils pas que leur femme les cajole comme une mère.

Il y a aussi la violence qui se manifeste chez certains hommes après le mariage, alors qu'elle n'apparaissait pas avant. Je pense à ce garçon très perturbé de se découvrir violent avec sa femme alors qu'il ne l'était pas avant.

– Avez-vous pu trouver l'origine de cette violence?

– Rien n'est totalement clair dans un comportement humain, mais peu à peu nous avons pu comprendre avec lui ce qui avait dû se passer. Il était l'aîné, et sa mère très autoritaire l'avait toujours contraint à faire des choix qui lui paraissaient de plus en plus difficiles. Il n'osait pas réagir car son père, qui lui servait de modèle, « s'écrasait » souvent devant sa femme. Aussi, ne pouvant extérioriser devant sa mère la violence qu'il ressentait, car une telle attitude aurait été trop culpabilisante, il s'interdisait de révéler ses sentiments.

Mais le jour où il réalisa que son épouse, elle aussi, manifestait un certain autoritarisme, sa peur ancienne d'être dominé fut réactivée. La violence qu'il n'avait pas osé exprimer envers sa mère, violence qu'il ignorait porter en lui, se manifesta dans la quotidienneté avec sa femme.

Souvent ces sentiments qui remontent à l'enfance sont inconscients, et celui qui les exprime, comme celui qui en est victime, est surpris et ne comprend pas ce qui se passe.

Nous voulons et ne voulons pas

– Il paraît légitime qu'un homme qui n'a pas été assez cajolé par sa mère cherche une femme maternante. Mais comment expliquer qu'il ait choisi une femme autoritaire alors qu'il avait souffert de l'excès d'autoritarisme de sa mère?

– C'est un peu l'ambivalence de nos choix inconscients. Nous voulons et ne voulons pas à la fois. Au niveau de la conscience, sans doute cet homme ne voulait-il pas d'une épouse semblable à sa mère. Mais, à un autre niveau de sa personnalité, il avait envie de se retrouver devant une femme autoritaire à laquelle il pourrait enfin s'opposer violemment sans être culpabilisé.

– L'image du père et de la mère interviennent donc, de manière inconsciente, dans le choix du conjoint, soit comme repoussoir soit comme attrait?

– Si en choisissant un partenaire on veut reproduire la relation avec son père ou avec sa mère, c'est que l'on est resté un enfant sur le plan affectif et que l'on se situe encore dans l'imitation ou l'opposition.

En principe, celui ou celle qui a pris son autonomie et qui a mûri depuis l'enfance a dépassé le grand amour ou la révolte envers ses parents. Néanmoins, sans être immature, on peut vouloir retrouver chez le conjoint certaines qualités que nous avons appréciées chez nos parents, tout en prenant un peu de distance vis-à-vis d'eux. « Le fils marche dans l'ombre de son père jusqu'à ce qu'il fasse sa propre ombre », dit un proverbe chinois. Mais certains n'arrivent jamais à avoir leur ombre propre.

– Cette pesanteur du passé affectif fait que le choix du conjoint ne vous paraît pas fortuit?

– Non, d'autant plus que l'on peut repérer certaines failles qui se sont produites dans l'histoire précédente, au moment des périodes pré-œdipienne[1] et œdipienne[2], quand on a besoin de beaucoup de sécurité affective.

– Concrètement, quelles sont les carences provoquées à ces occasions et quelles répercussions ont-elles sur la psychologie de l'adulte?

---

1. Période initiale de la vie humaine (0-3 ans) où la différence sexuelle n'est pas encore perçue. L'enfant, s'il bénéficie de soins attentifs et aimants se vit comme tout-puissant. « Sa Majesté Bébé » dira Freud.
2. La période œdipienne (3-6 ans) correspond à la découverte de la séparation sexuelle et au manque. C'est une découverte des limites qui marque la réalité humaine.

Elles intériorisent leur infériorité

– Par exemple, j'entends souvent des femmes me dire, sans colère, qu'elles sont une « serpillière ». Elles souffrent du comportement de leur mari qui les traite comme un « paillasson », mais chez elles il n'y a pas de révolte car l'identification féminine n'a pas pu se faire de façon heureuse. Au fond, elles ont le sentiment de ne pas être grand-chose puisqu'elles sont femmes.

– Et pourtant le comportement de leur mari les choque?

– Oui, elles souffrent et reprochent au conjoint son attitude, mais elles ont intériorisé leur infériorité. Et si on ne les aide pas à clarifier leur sentiment profond, elles resteront « une serpillière » toute leur vie conjugale mais pas forcément dans les autres domaines de l'existence. Heureusement!

– Quelles sont les autres conséquences du poids de l'enfance sur la vie affective des adultes?

– Certains n'arrivent pas à faire un choix conjugal, même quand ils en ont l'âge. J'ai ainsi plusieurs exemples de femmes qui sont les dernières de familles nombreuses et qui restent très attachées à leur mère, à leurs frères et sœurs, comme si elles se trouvaient encore dans leur maison d'enfance. En même temps, elles ont un réel sentiment d'incapacité et un manque de valorisation de leur propre vie, avec parfois des idées suicidaires car elles se disent que l'existence est vraiment difficile et qu'il faut trop batailler...

J'ai compris après plusieurs cas que tout s'était passé comme si, dans leur famille d'origine, elles avaient toujours été traitées comme la petite dernière qu'il fallait cajoler, certes, mais qui n'avait aucune place propre. Aussi, maintenant, ont-elles un grand besoin d'autonomie. Et si elles gagnent leur vie correctement, elles vivent seules et font très attention de ne pas s'attacher aux garçons qui tournent autour d'elles.

– *Par peur de l'autre sexe?*

– Plutôt par peur d'elles-mêmes. Elles craignent d'être confrontées à un choix et elles ne se sentent pas capables de choisir. Parfois aussi ce sentiment peut être renforcé par une sorte de dette qu'elles croient avoir envers leurs parents vieillissants. L'une d'elles m'a dit que son père racontait que l'on mesurait l'affection de ses enfants au temps qu'ils passent avec leurs parents. Ainsi, dans la structure psychique de ces filles, tout est organisé pour qu'elles ne fassent pas de nouveaux choix et qu'elles restent prisonnières de leur passé.

– *Trouve-t-on la même hésitation devant le mariage chez les hommes?*

La peur de la mère possessive

– Bien sûr, on voit chez les hommes de 35-36 ans des attitudes très archaïques qui s'expriment par la peur d'être « dévoré » par une épouse qui serait le substitut d'une mère dominatrice. Donc, dès qu'une femme semble vouloir établir une relation de proximité psychique et parle de s'unir pour un lien durable, ils fuient, alors qu'ils apprécient l'intimité sexuelle de cette femme.

– *La peur de revivre une expérience de mère possessive est-elle la seule raison qui les pousse à refuser le mariage?*

– La faiblesse de l'image paternelle joue aussi un rôle important. Si le père cède toujours, s'écrase devant sa femme, le garçon aura une image négative de son identité sexuelle. Or, pour bien se développer, un homme a besoin de s'identifier à un père digne d'être imité et d'avoir une mère qui lui laisse vivre son agressivité sans l'étouffer.

Si ce n'est pas le cas, le garçon n'est pas certain de sa masculinité et cette anxiété va le gêner pour s'engager dans une relation durable avec une femme.

– La découverte d'un autre qui a une histoire différente comprend aussi, je pense, des aspects positifs ?

– Bien sûr. On découvre un autre mode de vie au quotidien, une autre manière d'accéder à la vie culturelle, relationnelle et pour certains, une dimension religieuse, intellectuelle ou esthétique qu'ils ne connaissaient pas. Le contact avec un partenaire qui a une histoire différente peut apporter des richesses insoupçonnées.

Et quand le choix amoureux aboutit à un projet durable et exclusif, il donne une impulsion positive extraordinaire à l'existence. Dans l'enthousiasme, on monte à des niveaux supérieurs de joie et d'enrichissement personnel et cette progression peut faire mûrir des personnalités sans douleur. C'est sans doute la seule fois dans une vie où cette expérience se réalisera : on fait rapidement un parcours de croissance sans le payer cher.

Ordinairement, c'est la traversée d'épreuves qui nous oblige à grandir !

L'amour donne un « plus être »

– Parce que l'amour valorise toujours celui qui aime et se sent aimé?

– Oui, celui qui vous aime vous montre que vous êtes aimable et que vous avez du prix à ses yeux, surtout s'il accepte d'engager sa vie dans une parole. Le jour où l'on entend dire « je te choisis et c'est avec toi que je veux faire ma vie », même si l'on n'avait pas le sentiment de beaucoup exister, on se sent restauré, confirmé dans son être.

Et du même coup, on se découvre soi-même capable de choses que l'on ne soupçonnait pas, on ose choisir, prendre des risques. Certaines dimensions personnelles enfouies au fond de soi sont d'un seul coup révélées par le choix que l'on fait et par l'engagement que l'on prend.

L'amour partagé donne aussi le sentiment que l'on avance dans la vie et que l'on ne reste pas immobile, sur place.

– Mais le poids du sac à dos peut venir perturber ce paysage idyllique?

– Si nous ne savons pas ce que nous portons dans notre sac à dos, nous allons projeter, c'est-à-dire attribuer aux autres la responsabilité des difficultés que nous éprouvons. Et quand on a des problèmes de relation qui n'étaient pas prévisibles au départ, cela se termine par une accusation du genre « c'est de sa faute à lui ». Au lieu d'être lucide sur l'origine de nos problèmes, nous allons dire que l'autre a changé ou qu'il subit de mauvaises influences. Ou bien, nous rendrons les enfants responsables de ces tensions, nous accuserons le travail et les événements. Nous chercherons toujours un coupable à l'extérieur de nous-mêmes… le bouc émissaire!

Ignorer ce qu'il y a dans son sac à dos ne permet pas de prendre conscience que l'on pourrait changer. Et attendre que les changements viennent de l'extérieur alors qu'on ne veut pas évoluer risque d'empoisonner les relations du couple.

À ce stade, certains sont enfermés dans un cercle vicieux. Plus notre personnalité est fragile, moins nous acceptons de regarder en face ce qui est destructeur dans notre comportement. Et malheureusement, plus les partenaires ont des souffrances, des blessures profondes, plus ils risquent de se montrer rigides, intolérants, parfois agressifs.

Le courage de se reconnaître responsable

– Pour échapper à cet engrenage, il faut donc être lucide sur ses propres blocages qui ne font que prolonger les difficultés vécues autrefois dans l'enfance ?

– Oui, dans bien des cas, on débloquera la situation en acceptant d'évoluer soi-même. Et si l'on n'est pas trop dépressif ou masochiste, on peut améliorer le climat conjugal en ayant la lucidité et le courage de reconnaître que c'est nous qui le perturbons.

– Peut-on facilement prendre conscience du poids du passé qui peut nous gêner dans nos relations actuelles ?

– Cela dépend de ce que l'on attend de la vie de couple. Aujourd'hui, il y a chez les jeunes à la fois le désir d'une intimité très forte, d'une grande intensité dans la relation à l'autre, mais aussi un certain réalisme qui intègre l'éventualité d'un échec. Beaucoup disent qu'ils ne vont pas s'empoisonner la vie si ça ne marche pas et que le divorce est une solution comme une autre.

On observe aussi chez les couples modernes des mouvements contradictoires. Ils veulent qu'il y ait des échanges intenses dans la vie conjugale (d'où la lecture d'ouvrages sur le couple et la participation à des sessions, des week-ends sur la réussite en famille) mais à la première difficulté, ils ont la tentation d'échapper à une situation douloureuse par la fuite ou l'isolement.

Plusieurs phénomènes accentuent cette tendance : l'effacement progressif des repères religieux, l'acceptation plus facile des ruptures par les familles et le travail féminin qui permet aux femmes de vivre si elles se retrouvent seules.

– *Mais si la perspective de rompre paraît moins dramatique qu'autrefois et si elle est entrée dans les mœurs, pourquoi les conjoints en difficulté cherchent-ils quand même à recoller les morceaux ?*

– Ceux qui avaient beaucoup investi dans leur projet de couple hésitent à tout envoyer promener car pour eux cela équivaudrait à renoncer à un grand rêve. Alors ils essayent de comprendre ce qui se passe et de saisir le pourquoi des tensions et des difficultés.

Les personnes qui, par leur profession ou leurs engagements associatifs, ont une vie relationnelle assez riche, ont déjà l'intuition qu'une relation est faite de phases différentes pendant lesquelles on est plus ou moins proche du partenaire. Ils savent aussi que les crises ne sont pas toutes définitives et que des gens peuvent les aider à comprendre les situations difficiles.

La plupart des personnes que je reçois comme conseillère conjugale peuvent réfléchir à ce qu'elles vivent, exercer leur lucidité vis-à-vis d'elles-mêmes. Et si l'échec de leur relation amoureuse paraît inéluctable, elles veulent essayer d'en tirer le maximum d'éléments positifs. Ne serait-ce que pour ne pas faire les mêmes erreurs lors d'une autre expérience.

– Y compris en reprenant la vie commune après une réconciliation ?

– C'est ce que j'observe dans une majorité des cas. Au départ, les partenaires veulent que leur aventure de couple se poursuive car ils ont beaucoup investi dans ce projet. D'autre part, ils ont souvent conscience qu'une rupture pénaliserait les enfants.

À la faveur des entretiens, on peut mener un travail de clarification pour leur permettre de comprendre ce qui les fait souffrir chez l'autre, et en quoi eux-mêmes peuvent blesser leur partenaire. S'ils acceptent d'y voir plus clair et d'assouplir leur attitude, la relation peut se poursuivre de façon positive mais différente ! Reconnaître que « ce ne sera plus jamais comme avant, je dois enlever mes lunettes roses » est une étape essentielle…

– Le sac à dos aurait-il plus d'inconvénients que d'avantages ?

– Non, le sac à dos a son importance car l'être se construit dans le temps et prend de l'épaisseur avec la durée. Pour mûrir, on a besoin de s'appuyer sur une histoire. On ne peut donc pas renier les expériences passées qui ressortent du sac à dos. Mais il ne faut pas que ce passé soit lourd au point d'écraser notre vie actuelle en perturbant toutes nos relations.

3
Hommes et femmes à la recherche de leur identité

– Qu'est ce qui a changé en profondeur dans le rapport homme-femme depuis une trentaine d'années ? Le fait que les femmes fassent des études, travaillent et prennent des responsabilités dans la cité bouleverse-t-il toutes les données de la relation ?

– Quand on parle du rapport homme-femme, tout le monde pense d'abord aux rôles traditionnels qui ont énormément évolué depuis une ou deux générations. Encore que la répartition des tâches ne change pas totalement, puisque les hommes se chargent à 97 % de la voiture et les femmes continuent dans leur grande majorité à s'occuper du linge. Mais il est vrai que dans l'ensemble les rôles familiaux évoluent plus ou moins sous l'influence de la culture et des idées sociales, même si dans la vie politique les évolutions sont particulièrement lentes.

Cependant, il se passe au sein du couple un autre phénomène beaucoup plus profond au niveau de l'identité homme-femme. Et les dysfonctionnements que nous observons comme conseillers conjugaux sont très souvent liés à des identités masculines et féminines plus ou moins bien construites avant que ne commence la vie du couple.

Que la femme ait un métier ou que l'homme fasse la cuisine et donne le biberon à son bébé constituent des évolutions de surface relativement secondaires. À nos yeux l'essentiel se situe ailleurs. La grande question peut se résumer ainsi : comment cet homme a-t-il reçu son identité masculine qui lui permet d'avoir un destin masculin ? Comment cette femme a-t-elle accueilli son identité féminine ?

À l'homme, la force et le courage

– Que signifie exactement le mot identité ici ? N'a-t-il pas plusieurs composantes biologiques, psychologiques et sociales ?

– Le sexe biologique, si important soit-il, ne suffit pas à constituer un garçon comme homme ou une fille comme femme. Il faut que l'identité psychologique corresponde au sexe anatomique. Et, dans certains cas, on observe des discordances.

L'identité psychologique, reçue essentiellement à partir du comportement des parents, s'élabore au cours d'un travail de construction personnelle. Encore faut-il qu'elle ait été proposée de manière suffisamment positive et valorisante pour qu'ensuite le destin d'homme et de femme puisse être vécu de façon cohérente. Or, aujourd'hui, cette construction est plus difficile qu'autrefois.

– Voulez-vous dire que tout était plus simple quand la vie sociale imposait à chaque sexe des rôles bien définis ?

– Oui, jadis la société régentait la vie privée et chacun, même si tel ou tel n'était pas bien dans sa peau, s'accommodait de la situation. Les hommes qui ne se sentaient pas guerriers dans l'âme se conformaient au modèle dominant, comme les femmes qui étaient gênées dans leur rôle de mère.

Aujourd'hui tout est différent à partir du moment où l'essentiel est d'être à l'aise dans sa vie et dans ses relations. La place vaguement suggérée par la société ne suffit plus à combler les carences ou les échecs de la construction de l'identité sexuelle.

– Autrefois, on avait une conception stéréotypée de l'identité masculine et l'on associait à l'homme la force, le courage, la capacité de faire de la politique, de diriger les affaires, d'aller guerroyer. Mais est-ce là vraiment l'identité masculine?

– C'est un des aspects, mais il faut aller plus loin et donner un éclairage psychanalytique. Le garçon acquiert sa sécurité affective à partir des liens maternels qui lui donnent sa confiance primordiale. Mais si la mère est trop exclusive et englobante, il ne parviendra pas à construire son identité masculine car il n'arrivera pas à se détacher de l'emprise maternelle.

– Concrètement, cela donne quel type d'adulte?

– Certains hommes seront toujours plus ou moins ligotés par cet attachement archaïque à leur mère. Et plus tard, dans leur couple, ils seront craintifs, auront besoin d'être protégés et demanderont à leur femme d'être un peu leur « maman », n'arrivant pas à acquérir cette autonomie et ce dynamisme masculins qui les poussent à conquérir et à entreprendre.

Ils peuvent aussi être mal à l'aise dans leur identité s'ils ont été écrasés par des pères trop menaçants, trop autoritaires qui leur auront donné l'habitude d'aller se réfugier dans les jupes de leur mère. Mais des pères brutaux ou indignes peuvent aussi devenir pôle de référence, et l'on assiste à de tragiques répétitions du malheur. Tel père, grossier, alcoolique, tricheur… et tel fils, « portrait craché » du père.

À la conquête de l'identité masculine

– Alors, comment le garçon peut-il construire son identité masculine en évitant ces écueils?

– Il faut d'une part que sa mère ne l'enferme pas dans un amour possessif, et d'autre part que son père lui propose un modèle capable de susciter son admiration. À ce moment-là, il rentre dans son identité masculine car, en s'identifiant à son père, il peut se détacher de sa mère et conquérir peu à peu son autonomie.

– Mais comment définiriez-vous l'identité masculine en termes de comportements et d'attitudes?

– C'est avoir suffisamment confiance en soi pour conquérir, prendre des risques, même si persiste une fragilité, la peur de perdre sa virilité, ce que nous appelons la menace de castration. Et, pour exorciser cette peur inconsciente, l'homme a besoin de réagir par la performance. Du reste, par sa structure anatomique, il est poussé à agir, à se battre, à conquérir.

– Cette crainte de perdre sa virilité, si elle est physique chez le petit garçon, devient plus symbolique chez l'homme adulte.

– Oui, il a peur que la femme soit plus forte, plus audacieuse, plus courageuse que lui, et il craint qu'elle le domine. Mais là où l'équilibre affectif est subtil, c'est que l'homme a toujours en lui une dimension féminine qui est liée à la période où il a été couvé, protégé par sa mère. Et s'il est bien installé dans sa virilité, il pourra exprimer sans difficulté sa dimension féminine qui se manifestera dans sa capacité à épauler, comprendre et secourir sa femme dans la vie courante et dans les moments où elle se trouve plus fragile, par exemple au moment de la grossesse ou d'une épreuve.

Mais pour qu'il puisse vraiment exprimer sa dimension féminine, il ne faut pas qu'il ait de doutes sur son identité masculine.

– Et comment se fait la construction progressive de l'identité féminine chez la fille ?

– C'est plus compliqué que chez l'homme qui fait un parcours linéaire théoriquement plus facile : il est proche de sa mère, il s'en détache en allant vers son père qu'il imite.

Chez la femme, le parcours est circulaire. Au début, la petite fille, comme le petit garçon, trouve sa sécurité primordiale auprès de sa mère. Ensuite, elle fait une expérience typiquement féminine en découvrant son « manque » anatomique. Elle entre dans l'existence en réalisant « qu'elle n'est pas comme ». Et cela entraîne une double réaction. D'abord une sorte de reproche adressé à sa mère, même s'il n'est pas formulé explicitement : « Pourquoi m'as-tu faite comme ça ? » Et c'est la source de la fameuse agressivité des filles à l'égard de leur mère. En même temps, la fille va se tourner vers son père, en espérant qu'il complétera ce qui lui manque en lui donnant des bébés.

Mais en raison du tabou de l'inceste, peu à peu transmis par l'éducation, elle se rendra compte que la captation du père est impossible. Elle reviendra donc vers sa mère pour chercher son identité et entrer dans sa dimension féminine.

Le parcours compliqué des femmes

– Si le parcours d'identification des filles est plus compliqué que celui des garçons, quelles en sont les conséquences pour les femmes devenues adultes ?

– Comme elles font un va-et-vient entre leur mère et leur père, elles entrent dans leur dimension féminine de façon beaucoup plus ambivalente. Il y a toujours envers leur mère un mélange d'admiration puisque celle-ci a su capter l'amour du père et une revendication inconsciente : « Tu aurais pu me faire autrement. » Cette ambivalence rend souvent les femmes un peu compliquées, non seulement pour les hommes mais aussi à leurs propres yeux.

– En termes de comportement et d'attitude, comment se manifeste l'identité féminine ?

– Elle essaye de conjuguer à la fois la dimension de protection maternelle – si la petite fille a été aimée par sa mère, elle veut être une bonne mère, c'est-à-dire capable de protéger, de faire grandir les enfants – et celle de séductrice de l'homme, comme elle a été tentée de séduire son père. Mais une identité féminine mal construite va privilégier un aspect aux dépens de l'autre.

Ainsi, certaines femmes se consacreront surtout à la maternité et aux soins des enfants, les leurs et ceux des autres. D'autres voudront s'exprimer dans le registre de la séduction, essayant d'attirer les hommes à elles, quitte à le faire de façon assez masculine, c'est-à-dire agressive.

– Mais la réaction de la petite fille qui regrette de ne pas être aussi complète que le petit garçon ne restera-t-elle pas une revendication plus ou moins consciente chez les femmes qui veulent investir tous les domaines occupés par les hommes et y réussir aussi bien, sinon mieux qu'eux ?

– Oui, il y a chez certaines femmes cette dimension revendicatrice qui les pousse à être identiques aux hommes, c'est-à-dire à oser, entreprendre, créer à la manière virile

– Pourtant la société ne les reconnaît pas toujours comme les hommes, notamment en politique et même dans le travail où elles disent que, pour être reconnues, elles doivent en faire davantage que les hommes.

– Elles trouvent à la fois que la société ne reconnaît pas assez leur capacité de faire aussi bien que les hommes, mais aussi celle de mieux réussir dans certains domaines. Par exemple, elles pensent, souvent à juste titre, que leur féminité les rend plus sensibles aux situations concrètes de la vie des gens, en particulier dans le domaine politique et social. Et elles regrettent, dans ces secteurs, de ne pas être appréciées à leur juste valeur.

– Autrefois chez nous, mais c'est encore vrai dans certaines cultures, les rôles imposés par la société dictaient à chaque sexe des attitudes et des comportements, et l'on ne se posait guère de problèmes

Séductrices, mères et femmes d'affaire

– Oui, toute l'éducation modelait le destin de la femme pour en faire une épouse et une mère uniquement chargée de rendre son mari et ses enfants heureux. La féminité était unidimensionnelle. Aujourd'hui, les femmes veulent à la fois être mères, séduire l'homme et réussir comme lui dans la vie. Aussi sont-elles toujours un peu partagées et insatisfaites. « Si je prends ce travail, je ne serai pas avec mes enfants. » Ou l'inverse. Les femmes ont finalement une part d'ambivalence beaucoup plus grande que les hommes.

– Mais ce « flottement » des femmes ne déstabilise-t-il pas les hommes?

– Si, car ils se retrouvent avec des femmes qui les contestent sur leur propre terrain, prennent leur place dans la vie professionnelle sans pour autant céder des parcelles de leur pouvoir dans la vie familiale.

Alors que, selon leurs fantasmes, la femme est par nature tendre, douce, conciliante, ils découvrent que la réalité est toute autre. Et ils ne comprennent plus, d'où les difficultés inattendues dans le couple.

– Comment les couples actuels vivent-ils ces évolutions et que peuvent-ils faire pour éviter les tensions?

– Les hommes et les femmes de cette fin de siècle se plaignent de ce que leur conjoint n'est pas comme ils l'avaient imaginé. Les femmes regrettent de ne pas avoir un partenaire masculin qui soit attentionné, protecteur, capable de partager les tâches matérielles, et elles supportent mal qu'il se montre violent et se comporte comme un enfant supplémentaire. De leur côté, les hommes reprochent à leur épouse leur manque de tendresse, leur faible intérêt pour les échanges sexuels, leurs exigences pour le partage des tâches matérielles et le pouvoir qu'elles accaparent dans la vie familiale. Bref, dans les couples où il y a des difficultés, chacun reproche à son partenaire de ne pas être comme il le devrait.

En fait, le conseil conjugal nous montre que les plaintes portent toujours sur l'identité de l'autre tel qu'on se l'imaginait : « Il n'est pas l'homme tel que je me le représentais » ou : « Elle n'est pas aussi féminine que je le souhaitais ».

Et là, on retrouve les stéréotypes classiques : l'homme attend une femme aimante, douce, tendre, accueillante, qui saurait être en même temps séduisante et sexy, mais qui se montrerait également une bonne mère.

La femme, de son côté veut un mari qui soit sécurisant. Non pas un macho se croyant supérieur, mais un homme capable d'être énergique, entreprenant, créatif, sachant faire du vélo avec les enfants et valoriser la féminité de sa femme en lui disant qu'elle est belle et qu'il l'aime.

Le sentiment d'être un meuble

– *Ces attitudes masculines et féminines sont-elles fréquentes?*

– Je vois de nombreux cas où la femme a le sentiment d'être un meuble. Alors, parfois, elle en a assez et elle envisage de partir. Mais l'homme, lui, ne veut pas qu'elle s'en aille. En essayant de creuser ce genre de refus, on s'aperçoit que le mari, en fait, est surtout attaché à son fils ou à sa fille... Il a reconnu la dimension procréatrice de son épouse et il ne veut pas qu'elle parte car, dans la majorité des cas, il serait séparé de ses enfants. Mais, dans le fond, il n'est pas très attaché à sa femme.

– *Voit-on le phénomène inverse?*

– Oui. Certaines femmes veulent un homme seulement pour devenir mère et cette tendance a été exacerbée par le féminisme qui leur a fait croire qu'elles pouvaient être à la fois mère et père, toutes seules. Mais sans aller jusqu'à cette position extrême, on voit des mères surtout préoccupées par leurs enfants. Je pense à un homme qui me disait « ma femme ne s'intéresse qu'à nos enfants et j'ai l'impression que je pourrais conquérir la lune, elle s'en ficherait complètement ».

Il souffrait de cette attitude, car, parti de rien, il était arrivé à un poste influent. Mais il avait l'impression qu'aux yeux de sa femme cela n'avait aucune importance.

– Et de son côté que disait-elle?

– Elle avait eu un père polytechnicien, donc la réussite de son mari ne l'impressionnait pas particulièrement. D'autant, disait-elle, que son père, lui, avait choisi d'être très présent dans sa famille et de s'en occuper, ce qui n'était pas, semble-t-il, le cas de son mari. Celui-ci était donc confronté à l'image de l'homme idéal représenté par son beau-père. On retrouve ici le poids du « sac à dos ».

Les hommes se retrouvent nus

– Vous avez évoqué la peur de certains hommes devant les femmes d'aujourd'hui. S'agit-il d'un fait exceptionnel ou est-il assez courant?

– Autrefois, les hommes avaient des atouts, leur pouvoir étant garanti par une certaine reconnaissance sociale : ils avaient une puissance légale, la responsabilité des affaires, le savoir, la culture. Aujourd'hui, ils se retrouvent « nus » et si leur identité masculine ne s'est pas construite de façon cohérente, ils se sentent très vulnérables.

Les choses se compliquent dans la mesure où les mères, même si elles travaillent, n'ont pas abandonné leurs responsabilités éducatives. Aussi les jeunes garçons grandissent-ils dans un univers féminisé (avec des enseignantes, des éducatrices, des médecins) où la femme est le personnage principal.

Cette position maternelle dominante peut avoir deux conséquences négatives. N'ayant pas pu s'identifier à un père ou à un autre homme, le jeune garçon restera enfermé dans sa relation duelle à la mère, et cela peut favoriser l'homosexualité. Ou bien cette mère envahissante symbolisera l'éternel féminin et l'homme, ne voulant plus être un petit garçon devant sa partenaire, réagira comme si toutes les femmes étaient menaçantes. Aussi certains construisent-ils leur identité masculine dans un style un peu macho pour mieux se défendre. On voit aussi des hommes qui évoluent au cours de leur vie avec une femme. Au début de leur mariage, ils apprécient d'être cajolés, et un jour ils se rebellent parce qu'ils en ont assez d'être traités comme un enfant. Ou bien parce qu'une autre femme aura su valoriser leur dimension masculine.

– Et, selon votre expérience, les hommes arrivent-ils à analyser lucidement ce qui leur arrive?

– Moins que les femmes car ils n'y ont pas été préparés. J'ai un point d'écoute de jeunes en classe de cinquième dans une école. Garçons et filles y viennent s'ils le veulent. Or, dès 12 ans, les filles sont capables d'analyser et de réfléchir sur ce qu'elles ressentent, de dire ce qui leur fait peur et de s'exprimer à propos de ce qui les fait vibrer. Pendant ce temps-là, les garçons préfèrent jouer au foot dans la cour. En famille et en classe, ils ne sont pas aidés à élaborer psychiquement leurs désirs et leurs attentes. Aussi s'engagent-ils souvent dans une vie de couple sans aucune préparation et se trouvent fort démunis devant des difficultés relationnelles.

– Cette différence dans l'aptitude à analyser ses sentiments entre garçons et filles est-elle d'abord due à l'éducation?

La fille se construit dans l'intériorité

– Pas seulement. Je pense que, dès son plus jeune âge, la petite fille découvre que sa richesse est en elle-même. Elle se construit dans l'intériorité : « Moi, je pourrai avoir des bébés. » Elle pressent donc qu'à l'intérieur de son corps quelque chose a de la valeur. Le garçon, lui, est toujours tourné vers le monde extérieur, c'est là qu'il va agir, entreprendre, se construire.

– Ces manières différentes de prendre conscience vont avoir des conséquences au niveau de la vie du couple?

– Oui. Des conséquences positives car cela apporte un enrichissement mutuel dans la mesure où les partenaires ne sont pas semblables. Mais il peut y avoir des difficultés de compréhension.

– Les ruptures et les séparations dans le couple ont-elles des répercussions sur la construction de l'identité de l'enfant?

– Cela dépend moins des ruptures que du climat qui règne entre les parents. Ainsi, les filles dont la mère est très dévalorisée par le père ont une vision dépréciée de la condition féminine. Elles auront des difficultés dans leur rôle de mère, car elles portent en elles une image négative de la maternité. Une représentation maternelle défavorable donne souvent aux filles une identité féminine désastreuse qu'elles risquent de traîner toute leur vie. Dans ces conditions, le départ du père peut être préférable à une présence qui reste dévalorisante pour la femme.

Ce qui est dangereux, en cas de séparation, c'est le monoparental strict, quand on est élevé par la mère ou par le père seuls, sans image de substitution masculine ou féminine à proximité. On sait cependant que la paternité peut se décliner sur plusieurs têtes (frère ou ami de la mère, oncle, grand-père) alors que la maternité, plus fusionnelle, est difficile à répartir.

– *Quel genre de mères seront ces filles qui ont 15-20 ans aujourd'hui ? Veulent-elles aussi être toutes puissantes comme ont cherché à l'être leurs mères de 40-50 ans ?*

– La revendication féministe s'est bien estompée et de nombreuses filles actuelles voient ce que la génération précédente a perdu à vouloir se débrouiller seule, sans avoir besoin des hommes. J'en rencontre beaucoup qui sont désireuses de construire quelque chose avec un garçon qui soit vraiment un homme.

Plus inquiétante, peut-être, est la prépondérance maternelle qui entoure l'enfant actuel. Comme celui-ci est rare, les parents veulent qu'il soit parfait et pour cela ils s'efforcent de l'éduquer le mieux possible. Or, dans ce domaine, les femmes sont beaucoup plus douées que les hommes. Elles savent mieux ce qu'il faut faire pour stimuler, épanouir un enfant mais cette « expertise » éducative peut avoir pour conséquence une mise à l'écart de l'homme. Je redoute beaucoup l'impressionnante préoccupation des jeunes mères qui veulent à tout prix « réussir » leur enfant. Aussi je pense que le travail est pour elles une sorte de garde-fou car, en s'investissant ailleurs, elles permettent au père de mieux prendre sa place auprès de l'enfant.

– *Pensez-vous que les jeunes hommes actuels vont réussir à récupérer une identité masculine que leurs pères ont peut-être laissé filer ?*

– Moi je vois surtout ceux qui n'y parviennent pas. Ils ont une vie assez agréable car, dans un certain milieu, ils réussissent leur vie professionnelle, ils ont des amis, mais ils éprouvent beaucoup de mal à approfondir leur vie affective. Et quand une relation amoureuse pourrait aller plus loin, ils n'osent pas s'engager et ont peur de l'intimité avec une femme.

– Qu'est ce qui les effraye? Aujourd'hui ce ne peut être la relation physique?

– Non, et ils ne s'en privent pas. Mais ces relations ne durent pas car ils ont surtout peur d'être sous l'emprise d'une femme. Ils ont encore besoin de mûrir. Je crois que leur mère a eu sa part de responsabilité au moment de l'adolescence. Ainsi, certains jeunes adultes sont violents avec leur femme parce qu'ils revivent des frustrations anciennes. En particulier quand ils ont été incapables de dire ce qu'ils voulaient en présence d'une mère envahissante. Se sentant impuissants, ils ont réagi par des actes violents. Et ces comportements ont été pour eux le moyen de dire « j'existe ». Or, si cette violence resurgit quand ils sont avec leur femme, c'est parce qu'ils revivent avec elle l'impression de se retrouver petit garçon devant leur mère.

4
Le parcours risqué des bébés-couples

– *Qu'appelle-t-on « bébés-couples », et quelles sont leurs caractéristiques?*

– L'expression recouvre plusieurs réalités. Les bébés-couples sont les jeunes qui ont ensemble des relations sexuelles régulières à l'âge de 15, 16 ou 17 ans et qui vivent encore chacun chez leurs parents. Ils se retrouvent en week-end ou pendant les vacances, mais il est rare qu'ils partagent leur vie quotidienne en s'installant dans l'une des familles. Cette pratique était plus répandue il y a quelques années.

– *Les adolescents auraient-ils des relations sexuelles moins précoces?*

– Non, mais chez les jeunes, ce n'est plus la mode de s'installer en couple chez papa-maman. Aujourd'hui, on a un copain, une copine et tout le monde le sait, mais chacun garde son autonomie.

– *Que recouvre exactement le terme de copain?*

– En cours d'adolescence, avoir un copain signifie que l'on a une relation privilégiée avec un autre jeune. Et dans la majorité des cas, il s'agit d'une relation sexuelle (selon les statistiques officielles, la moyenne de la première expérience se situe à 17 ans et trois mois pour les garçons et 17 ans et six mois pour les filles). Mais ce n'est qu'une moyenne et donc certains commencent plus tôt, et d'autres après.

– *Ces relations sexuelles impliquent-elles un projet d'engagement pour l'avenir?*

– Rarement, car il faut un certain temps à ces jeunes pour qu'ils pensent que leur histoire peut avoir un futur. La plupart vivent dans l'instant et ces couples, très instables sur le plan affectif, se font et se défont sans que cela produise, apparemment, trop de drame. Apparemment, car certains viennent quand même me dire que les ruptures font très mal. Mais s'ils sont dans un groupe d'amis, la fin de la relation de couple ne signifie pas une mise à distance radicale : ils continuent à se voir les uns les autres, même s'ils ont changé de copain ou de copine.

– *Mais pourquoi à cet âge-là change-t-on si facilement de partenaire?*

Une sexualité infantile morcelée

– On vit encore une sexualité infantile qui n'est pas intégrée à la totalité de la personne. Ainsi, les filles ont un copain et vont soudainement s'emballer pour un autre à l'occasion d'une rencontre, dans une soirée ou un week-end. Elles vivront avec lui une relation sexuelle passagère et reviendront vers le précédent. Le processus est le même chez les garçons.

C'est typique d'une sexualité immature, morcelée, dans laquelle son propre corps et le corps du partenaire sont instrumentalisés. C'est aussi un moyen de réaliser ses besoins narcissiques les plus forts : le garçon fait des conquêtes pour enrichir son tableau de chasse, la fille aime se prouver qu'elle peut plaire et attirer.

– *Ce désir de vivre en couple à 17 ou 18 ans correspond à quelle démarche psychologique?*

– Aujourd'hui, de très nombreux jeunes ont peur de la solitude. Les études, l'entrée dans la vie sociale, l'insertion professionnelle sont difficiles, alors il est rassurant d'avoir un copain ou une copine. Ils éprouvent du plaisir à être ensemble. D'autre part, ils sont comme les autres, alors que les jeunes qui ne sont avec personne à 23-24 ans ont vraiment le sentiment d'être à part. Une fille de cet âge me disait récemment qu'elle souffrait de n'être « la préférée d'aucun garçon ».

Pourtant, de sa part, c'était un choix : elle ne voulait pas faire n'importe quoi car elle attendait de rencontrer le compagnon avec qui elle pourrait construire un avenir solide. Mais cette attente lui pesait.

– *Comment les jeunes passent-ils d'expériences éphémères à une relation qui prend davantage en compte l'avenir?*

– Certains glissent de la cohabitation au mariage sans vraiment faire un choix très explicite. Ils vont vers une relation officielle, surtout poussés par les circonstances extérieures : une mutation professionnelle, un prêt pour un logement, la naissance d'un enfant.

Mais d'autres, et ils sont assez nombreux, interrompront des relations précoces et vivront un temps de célibataire vers 27-28-29 ans, comme s'ils avaient besoin de se ressaisir pour mieux réussir leur vie professionnelle et vérifier leur capacité d'autonomie avant de s'engager dans un projet familial à long terme. Ce comportement se retrouve aujourd'hui aussi bien chez les femmes que chez les hommes.

– Comment les filles de 17-18 ans vivent-elles leurs premières relations sexuelles ? On a longtemps dit que les femmes ne voulaient pas faire à la légère des expériences de ce niveau tant qu'elles n'étaient pas assurées de vivre une relation stable ? N'est-ce plus vrai ?

– Aujourd'hui, beaucoup disent : « il faut y être passée » et certaines vivent comme une tare le fait d'être toujours vierge à 20 ans. Elles ont peur de passer pour une oie blanche. D'autres vivent les restes d'un certain féminisme et veulent avoir autant de liberté que les garçons. Certaines font des études, vivent la compétition avec leurs camarades masculins et se durcissent un peu au niveau de leurs sentiments pour réussir comme eux.

Chez de nombreuses filles, la dimension féminine de la sexualité, qui s'inscrit dans un projet durable n'est pas honorée dans la mesure où, à 25-30 ans, leurs principales préoccupations sont d'abord professionnelles.

Les bébés-couples s'ennuient ensemble

– L'expérience de relations sexuelles précoces qui se généralise a-t-elle des conséquences pour l'avenir ?

– Les premiers choix, que les jeunes font pour être comme les autres, correspondent souvent à un moment où la personnalité est encore immature. Et les conséquences peuvent être négatives ou positives. Négatives pour les filles quand elles ont le sentiment d'avoir été flouées : « ce n'est que ça », « c'est banal ». Parfois, elles réalisent qu'elles ont pris un risque (grossesse, sida) pour pas grand-chose. Il leur arrive aussi d'associer sexualité et violence quand l'expérience s'est mal passée.

Les garçons peuvent de leur côté avoir l'impression d'un échec partiel ou total parce que, désireux avant tout de faire leurs preuves, ils n'ont eu, avec la fille, aucune relation d'amour.

Certains aussi font à cette occasion une expérience d'impuissance parce qu'ils sont trop jeunes. À 17 ans, ils n'ont pas encore confiance en leur virilité et, s'ils sont émotifs, l'angoisse de réussir peut les paralyser. C'est l'un des inconvénients de ces expériences sexuelles précoces.

Mais elles ont parfois des effets positifs en renforçant la confiance de tel garçon ou de telle fille. Celle-ci peut avoir l'impression pour la première fois d'être aimée et de valoir quelque chose. Et ce sentiment la comblera. De son côté, le garçon se sentira véritablement un homme.

Mais dans l'ensemble, les relations sexuelles trop précoces ont un grave inconvénient pour les bébés-couples : ils s'ennuient ensemble car ils n'ont rien à se dire.

– Ces couples peuvent-ils durer ou bien sont-ils presque certainement voués à l'échec?

– Il est rare que la maturité puisse se réaliser au sein de ces couples-là si le choix du partenaire a été infantile parce qu'il se référait aux images parentales.

– Ces jeunes choisiraient alors un copain ou une copine en fonction de leurs parents?

– Oui, c'est le mécanisme du choix œdipien. On tombe amoureux d'un garçon ou d'une fille non pour ses qualités propres, mais parce qu'il ressemble à notre père ou à notre mère. Ou bien, au contraire, on est attiré par un partenaire très différent de ses parents. Ainsi, un garçon peut choisir une copine très féminine s'il avait une mère masculine.

– Dans quels cas observez-vous ces phénomènes d'attachement ou de refus de l'image parentale?

– On le voit par exemple chez les filles qui viennent pour une interruption volontaire de grossesse. Elles ne parlent jamais de leur copain, le père de l'enfant, mais évoquent très souvent leur père à elles : « il va être furieux », « si je garde cet enfant, il va me tuer ». Comme si cet enfant était interdit par papa parce que celui-ci pourrait être jaloux. On se rend compte alors qu'elles sont encore dans les mailles du complexe d'Œdipe.

Chez le garçon, on va souvent observer des choix amoureux dictés par le désir de retrouver leur mère chez leur petite amie, une mère dont ils sont encore amoureux inconsciemment. Or, si les bébés-couples continuent à vivre ensemble, vers 35-40 ans, ils peuvent avoir des temps de crise terribles en se rendant compte qu'ils ont fait un choix sans assez de liberté personnelle

Je pense donc que ces couples précoces ne constituent pas une bonne porte d'entrée pour la vie conjugale. Du reste, aujourd'hui, les parents poussent moins qu'il y a quelques années les jeunes vivant ensemble à se marier vite.

– On disait autrefois que les premières expériences sexuelles et affectives qui échouent pouvaient rendre les jeunes sceptiques sur l'amour. Aussi recommandait-on de ne pas s'éparpiller dans des relations passagères, sinon on ne serait plus capable d'aimer une fois devenu adulte.

On croit à l'amour à 17 ans...

– Oui, comme si on avait une réserve de billets de banque à ne pas dilapider. Et de fait, on voit des garçons qui se disent vers la trentaine, après plusieurs expériences : « Je dois être incapable d'aimer » après avoir rompu plusieurs fois. Ils abandonnent la fille car ils ont peur d'être ligotés en s'engageant dans une relation plus étroite avec une femme. J'entends des garçons me dire : « Suis-je un handicapé de l'amour car, dès qu'une relation semble se nouer et m'oblige à m'impliquer, j'ai envie de fuir. » Tout se passe comme s'ils ne pouvaient s'engager sur un projet à long terme.

Du côté des filles, on assiste à des avortements précoces, car elles ne suivent pas une contraception efficace. Elles ont une illusion de toute-puissance en se disant qu'il ne leur arrivera jamais d'être enceinte.

– *Est-ce seulement un manque d'information ?*

– C'est un des éléments, mais souvent la réalité est plus complexe : elles vivent une sexualité dissociée avec d'un côté un corps pour plaire et exprimer leur dimension féminine, et, de l'autre, un corps pour la maternité mais qui leur semble tout à fait lointain. Elles n'ont pas pris conscience qu'elles peuvent être mères.

– *Cette dissociation féminité-maternité ne s'inverse-t-elle pas ensuite ?*

– Certaines filles plus âgées, qui ont investi dans leurs études et leur vie professionnelle, voient apparaître vers la trentaine un désir d'enfant qui se révèle plus fort que le besoin de vivre avec un homme. Après avoir navigué d'un garçon à l'autre, la perspective d'un grand amour pour la vie bat de l'aile. Leur projet essentiel est alors d'avoir un enfant.

– Les jeunes ne croient donc plus au grand amour?

– À 17 ans si, à 30 ans beaucoup moins. Peut-être sont-ils devenus plus réalistes après plusieurs aventures. Il faut savoir aussi que presque une femme sur deux de moins de 50 ans n'est pas mariée (INED 94), ce qui ne veut pas dire qu'elle n'a jamais vécu en couple.

– Pensez-vous, comme on le dit souvent, que les relations sexuelles avant le mariage permettent de mieux connaître l'autre?

– Surtout de mieux se connaître soi-même. Ces relations peuvent aider à prendre conscience de ses propres attentes, de ses déceptions, de ses limites car, comme toute aventure humaine, la vie sexuelle n'est pas statique.

À mon sens, l'important pour réussir sa vie de couple n'est pas tellement de savoir si on couche ou non ensemble, mais de savoir si on inscrit sa relation dans un projet commun dans lequel chacun s'engage. C'est le signe qu'une étape est passée et qu'on est vraiment entré dans le stade adulte.

– Parfois des jeunes se marient après une longue période de cohabitation. Cette manière d'aborder le mariage a-t-elle des effets positifs ou négatifs sur la vie future du couple?

Choisir cet homme, cette femme-là

– Sur ce point, des statistiques de l'INED publiées en 1990 sont surprenantes : après dix ans de mariage, on observe que ceux qui ont cohabité divorcent davantage. (15,6 %) que ceux qui n'ont pas cohabité (12,3 %). On en déduit donc que la cohabitation fragilise le mariage qui lui succède.

– Comment expliquer ce phénomène, alors que l'on pourrait penser que la cohabitation avant le mariage évite les mauvaises surprises, le partenaire ne pouvant jouer la comédie pendant des années et tromper son compagnon sur sa vraie personnalité?

– Autant que l'on puisse le voir avec ceux qui viennent nous consulter, trop souvent la cohabitation glisse vers le mariage sans qu'il y ait véritablement choix de l'autre ni engagement à vivre un projet avec lui. Et les cohabitants qui se marient évoquent souvent, pour justifier leur choix, des raisons extérieures : « À notre âge, il faut bien se marier » ou bien ils ont besoin d'un prêt pour acheter un appartement, ou encore ils régularisent leur situation parce qu'un bébé s'annonce. Mais la plupart ne prennent pas le temps de se demander si c'est avec cet homme-là, ou avec cette femme-là qu'ils ont vraiment envie de passer toute leur vie.

– Le mariage après une cohabitation n'est donc pas un choix délibéré.

– Peut-être! On pensait que la cohabitation pourrait être une bonne propédeutique pour le mariage; au contraire, elle augmente un peu les risques d'échec. Ces statistiques confirment bien ce que nous observons dans nos consultations : une vie ensemble ne peut faire l'économie d'une vraie décision d'engagement par rapport à un autre et devant des amis, une famille, des témoins.

En fait, le grand plaisir de la cohabitation vient de ce que chacun peut mener sa vie de façon très autonome, même s'il n'y a pas pour autant d'expérience sexuelle avec une personne étrangère au couple. Le mariage est plus contraignant car on est tenu de s'intégrer à une famille plus large, ce que l'on peut éviter dans le cas de la cohabitation. Et les mariés n'ont plus cette liberté d'aller et venir à leur guise. Certains jeunes sentent bien ces contraintes car souvent l'un des deux se montre réticent pour le mariage. C'est en général mauvais signe pour la suite.

Le couple de cohabitants devra surmonter cette réticence avant de se marier, sinon cette réserve restera enkystée et ressortira à l'occasion de conflits ultérieurs avec des phrases telles que : « Tu vois, on n'aurait pas dû se marier. » Ce genre de réaction rend le mariage responsable de difficultés qui surgissent dans la vie du couple.

– En présence d'enfants de 16-17 ans qui vous demanderaient des conseils sur la meilleure manière de réussir leurs relations affectives et sexuelles, que diriez-vous ?

– Je leur conseillerais d'abord de ne pas décider d'avoir des relations sexuelles pour faire comme les copains ou en pensant que ça va résoudre leurs problèmes personnels. J'essayerais aussi de leur faire comprendre que la solitude sexuelle ne consiste pas à vivre dans l'isolement et qu'il y a dans cette période de leur vie (entre 15 et 25 ans) des opportunités d'enrichissement relationnel considérables en raison des études, des sorties et des voyages. Je leur expliquerais qu'en se fixant dans une relation affective et sexuelle précoce, ils y perdent au niveau de l'ouverture de leur personnalité.

D'autre part, je crois que, malgré la mode, beaucoup sont craintifs devant la perspective d'une vie sexuelle car ils n'ont pas suffisamment confiance en eux et dans leur partenaire. Je leur conseillerais donc d'attendre jusqu'à ce qu'ils aient l'impression qu'une relation nouvelle peut les enrichir et les aider à se construire.

Souvent les adolescents font les choses en désordre. Ils manquent de confiance en eux et pensent que c'est l'autre qui augmentera cette confiance. Or, c'est l'inverse : pour vivre harmonieusement avec ses semblables, il faut avoir un minimum de confiance en soi. L'entourage exerce du reste une certaine pression sur les jeunes dans la mesure où il considère qu'un garçon ou une fille qui n'a pas sa copine ou son copain à un certain âge est « bizarre ».

– Comment expliqueriez-vous aux jeunes qu'on peut vivre sans petit ami et ne pas se trouver dans l'isolement pour autant?

Que les parents soient discrets

– Expérimenter un temps de solitude dans sa vie privée n'empêche pas l'amitié, le partage, les engagements. Je pense qu'avant de s'investir dans une relation privilégiée, la personnalité s'enrichit en voyant des gens divers et en menant des projets passionnants. Si les bébés couples s'ennuient ensemble, c'est parce qu'ils n'ont pas grand-choses à partager. L'aventure conjugale a d'autant plus de chances de réussir qu'elle concerne deux personnalités qui ont pu construire leur richesse propre. Mais certains jeunes sont tellement sollicités par les copains pour des expériences sexuelles qu'ils entendent mal un tel discours.

– Oui, car ils sont vraiment à contre-courant s'ils veulent retarder le temps des relations sexuelles.

– C'est vrai. Il faut qu'ils acceptent une certaine sublimation en disant : « Je renonce à des pulsions très fortes car je veux réussir ma vie relationnelle. » Cette mise en attente du désir sexuel est possible si l'on a des satisfactions et des réussites dans d'autres secteurs de l'existence. Mais un garçon ou une fille qui est en échec sur le plan scolaire, sportif, amical, sans avoir aucune expérience gratifiante, cherchera des satisfactions là où elles sont possibles. C'est ainsi que les relations sexuelles sont les plus précoces dans les groupes défavorisés, marqués par l'échec.

– Mais pour en arriver à sublimer ses pulsions sexuelles, il faut aussi un milieu porteur qui, pour des raisons religieuses ou de simple sagesse humaine, valorise l'attente.

– Il est vrai que ceux qui vivent des valeurs religieuses ou qui se trouvent dans un environnement familial chaleureux, sans être étouffant, ont des relations sexuelles plus tardives.

Mais ce qui compte surtout, c'est d'avoir, au cours de sa jeunesse, des expériences valorisantes qui vous permettent de faire vos preuves. Et ces jeunes-là seront moins avides d'expériences sexuelles pour se prouver qu'ils existent. Certaines filles expriment bien ce besoin d'être valorisées par l'autre quand elles disent : « Au moins, j'existe. J'ai un copain. »

– Selon votre expérience, ce besoin de valorisation par la vie sexuelle est-il fréquent chez les jeunes ?

– Encore assez, car beaucoup n'ont pas la possibilité de développer leur intériorité. Ils lisent de moins en moins, la télévision les met en position passive de voyeuristes, le sport les accapare, et enfin les modèles médiatiques les plus valorisés sont très suggestifs au niveau de la vie sexuelle.

– Que diriez-vous aux parents qui se sentent souvent très démunis devant l'évolution de leurs adolescents et l'influence des copains?

– Leur rôle est difficile au moment où leur fils ou leur fille entre dans la phase d'une sexualité active. Ils ne peuvent plus alors intervenir directement, même s'ils sont heurtés par les comportements de leurs enfants de 17-18 ans. Ils n'ont pas à jouer les inquisiteurs car, à cet âge, se mêler de la vie sexuelle de leurs adolescents peut avoir un caractère incestueux.

– Quel sens donnez-vous à ce terme?

– Quand les parents sont omniprésents, envahissants, cette manière de dire « je veux surveiller et contrôler ta vie sexuelle » a quelque chose de malsain.

– Mais les parents doivent-ils s'interdire toute réaction devant les comportements qu'ils désapprouvent?

– Non, ils peuvent mettre des bornes et dire par exemple « Je ne veux pas que tu ramènes ta petite copine coucher ici. » Il leur revient aussi de cadrer la réalité. Par exemple, si leur fille ou leur garçon a des relations sexuelles précoces, c'est à eux de poser ouvertement la question de la contraception. Il faut à cette occasion qu'une parole soit échangée entre les parents et les jeunes et que les mères ne se contentent pas de glisser subrepticement pilules ou préservatifs dans les bagages de leurs adolescents avant leur départ en vacances.

– Donc, quand leurs adolescents ont des activités sexuelles, les parents doivent à la fois ne pas s'en mêler, mais aussi évoquer les conséquences possibles? N'est-ce-pas une situation très inconfortable?

Tu es digne d'aimer et d'être aimé

– Tout dépend de la communication qui existe entre les parents et leurs enfants. Le père et la mère peuvent donner leur opinion en disant : « Je pense que tu fais une bêtise » ou bien : « Es-tu sûr de prendre le bon chemin ? » mais ils ne peuvent pas dire : « je te l'interdis ». Leur attitude devient incestueuse à partir du moment où ils utilisent leur pouvoir parental pour laisser entendre : « C'est moi qui gouverne ta sexualité ».

– Si les parents ne peuvent intervenir directement au moment où leurs adolescents ont une activité sexuelle, leur rôle est quand même de préparer les enfants plus jeunes à vivre leur sexualité. Comment leur conseillez-vous de préparer cette phase de l'adolescence ?

– Le rôle essentiel des parents est de donner à chacun de leurs enfants confiance dans son identité sexuée avec un discours du genre : « Tu es un garçon ou une fille digne d'aimer et d'être aimé, tu as des capacités pour vivre une relation harmonieuse avec un autre. Tu as une belle vie devant toi. Mais pour y arriver, il ne faut pas faire n'importe quoi : tu dois apprendre à te connaître et à choisir toi-même ce qui est bon pour toi. »

Et cette éducation commence très tôt. Je pense à ce garçon de 12 ans qui a des problèmes en classe parce qu'il écoute ou regarde toutes les retransmissions de matchs de foot. Il est venu m'en parler dans les moments où je fais une permanence d'écoute. Il s'est rendu compte qu'il pouvait réduire sensiblement le temps consacré au foot à la radio sans perdre contact avec l'actualité. Ce gamin savait que le sport le déconcentrait, mais un de ses copains lui conseillait une mauvaise solution en lui disant : « Tu n'as qu'à demander à ta mère qu'elle t'enlève le poste certains jours. » Nous avons réfléchi ensemble à ce problème et nous avons conclu qu'il n'était pas normal que ce soit sa mère qui résolve le problème à sa place.

L'une des clés de l'éducation consiste à aider le jeune à prendre conscience qu'il a en lui les moyens de résoudre les difficultés de sa vie.

– *Et pour la sexualité, quel peut être le rôle des parents?*

– Quand l'enfant est jeune, il a peu de capacité d'initiative, il faut que les parents l'aident à discerner dans ses comportements ce qui est bon pour lui, pour sa famille et pour les autres. Et qu'il sache repérer, pour ses relations affectives, là où il éprouve de la joie, du bonheur, de la peine. Le rendre attentif à ce qui donne du sens à sa vie. L'éducation consiste à montrer que l'on peut avoir certaines contraintes mais que celles-ci permettent de connaître des satisfactions et des joies plus profondes et de meilleure qualité.

L'éducation implicite joue aussi un grand rôle, c'est-à-dire la façon dont les parents vivent leur propre relation de couple (estime, respect, ou au contraire désir de dominer, de prendre sa revanche). Ils peuvent faire pressentir que la vie conjugale peut mener au plus grand bonheur de l'existence, à condition qu'elle soit construite dans la perspective d'un projet commun où chacun tient compte de l'autre.

5
Le dialogue pour dédramatiser

– Que faut-il faire pour qu'un homme et une femme réussissent leur vie de couple ? Quelles sont les attitudes à éviter et celles, au contraire, qui sont bénéfiques ?

– Un couple qui commence sa vie commune se trouve dans la situation du forgeron qui va s'améliorer en forgeant. C'est en vivant au jour le jour qu'un homme et une femme traceront leur route au milieu de bonnes et de mauvaises surprises et qu'ils devront trouver à chaque étape les adaptations nécessaires.
L'une des premières choses à faire est d'articuler rôle conjugal et rôle parental, qui sont assez proches tout en ayant chacun leur spécificité.

– Voulez-vous dire qu'il pourrait y avoir concurrence entre ces deux fonctions familiales ?

– Oui. Il est important d'abord de bien différencier le lien conjugal du lien parental. Cela suppose qu'une chronologie soit envisagée et que l'enfant ne vienne pas par hasard et que l'on n'improvise pas le lien conjugal autour du bébé. Il faut y avoir pensé avant. Il est préférable que les partenaires découvrent eux-mêmes que la relation fusionnelle entre « toi » et « moi » est appauvrissante, le couple ayant besoin de s'ouvrir à d'autres.

Je parlerais à ce sujet de transfiguration du lien d'alliance quand les conjoints font le projet d'accueillir l'enfant qui est l'une des aventures les plus dynamisantes que puisse connaître le couple. Ce n'est pas la seule, bien sûr, mais elle est pour les partenaires une extraordinaire source d'épanouissement et de plénitude. Cependant l'arrivée de l'enfant comporte aussi une part d'inattendu car elle peut déséquilibrer le face à face conjugal.

Cela commence pendant la grossesse, l'homme ne soupçonnant pas la profonde mutation que vit sa femme : celle-ci est ailleurs et n'assure plus tout ce qu'elle faisait. Elle se désintéresse de certains sujets, lit autre chose et voudrait un peu modifier sa vie. Celui qui devient père ne comprend pas toujours ces modifications du comportement féminin. Si le mari, habitué à avoir une femme active, battante, efficace ne sait pas que la grossesse peut être un état régressif du point de vue psychologique, les tensions seront déconcertantes.

– Pour quelles raisons?

– Parce que certaines femmes pourront avoir l'impression d'être abandonnées. De son côté, si l'homme est resté dans une perspective très égocentrique de petit garçon cajolé par sa femme, il vivra la naissance de façon ambivalente. Il sera à la fois valorisé de devenir père, mais il devra abandonner en même temps une place privilégiée. Aussi cette première naissance, où tout devrait être une apothéose, se révèle-t-elle parfois assez difficile.

Si l'enfant vient trop vite dans la vie du couple, certains peuvent être tentés par l'avortement avec, en arrière-pensée, « nous sommes jeunes, nous en ferons d'autres ». Or il semble que cet avortement au moment de la première grossesse ait, pour la suite, des conséquences négatives insoupçonnées dans la mesure où cette première créativité du couple est niée, sabrée. Souvent il en reste des traces plusieurs années après.

– *Sous quelles formes?*

L'enfant oblige à réaménager l'espace et les relations

– Même si le couple a eu d'autres enfants, des réactions d'agressivité peuvent resurgir chez la femme. Et quand on essaye d'en analyser les causes, on entend des phrases du genre : « Avec ce qu'il m'a fait à cette occasion », ce qui montre que la demande de l'homme réclamant l'avortement n'a jamais été vraiment acceptée par son épouse. Et si les partenaires ont pris la décision ensemble, souvent encouragés par l'entourage, leur répétant qu'ils auront d'autres enfants, une sorte de chagrin subsistera, comme après un deuil difficile à dépasser.

On assiste aussi à des ruptures après le premier avortement, comme si le souvenir de ce geste avait cassé quelque chose de la relation et barrait irrémédiablement l'avenir du couple.

– *Et que se passe-t-il au moment de la naissance? Les relations en souffrent-elles ou pas?*

– La naissance provoque un réaménagement des places, l'enfant occupant largement l'espace et le temps. On peut même dire qu'il l'envahit et, au début, la mère est non seulement accaparée, mais anxieuse car elle ne sait pas trop ce qu'elle doit faire ou ne pas faire pour bien soigner son bébé. Parfois aussi la belle-mère en profite pour s'imposer sous prétexte que sa fille a besoin d'elle. Si ce genre de décision n'est pas discuté, négocié entre les conjoints, cette intrusion provoquera incompréhensions et tensions.

D'autre part, la jeune femme devra batailler pour concilier la vie professionnelle qu'elle veut en général conserver et les nouvelles contraintes apportées par les soins donnés à l'enfant. À ce stade, la mère a besoin d'être rassurée, et son mari doit comprendre ses soucis, son inquiétude. Et surtout qu'il évite de lui répéter qu'elle n'est pas la première à vivre ces difficultés et que des milliers de femmes y sont passées avant elle. Ce genre de réflexion agacera plus qu'il n'aidera sa compagne.

– Mais, de son côté, la femme ne doit-elle pas comprendre que l'homme puisse, lui aussi, être déstabilisé par l'arrivée de cet enfant?

– Il est vrai que certaines risquent d'oublier momentanément qu'elles sont épouses, car pendant plusieurs mois elles sont davantage centrées sur le bébé qu'attentives à leur mari. Il est bon alors que celui-ci leur fasse part de ses attentes sans autoritarisme ni agressivité.

L'important est qu'il y ait un dialogue pour que chacun connaisse les désirs et les difficultés du partenaire. Et, au moment de la première naissance, il peut être bon que la jeune mère soit aidée en parlant de ses soucis à une amie de son âge.

– Ce dialogue entre conjoints vous paraît particulièrement important à cette phase de la vie du couple?

– Oui, car si la femme ne semble préoccupée que par le bébé, son mari peur être tenté de reprendre sa vie de jeune homme en ressortant le soir ou le week-end avec des copains. Je pense à cet homme qui s'est remis à goûter à la drogue en m'expliquant qu'il s'était senti complètement « largué » par sa femme à la naissance de son premier enfant. Et un autre déclarant à son épouse : « Maintenant pour moi tu n'es qu'une mère, tu n'es plus une femme. »

Le père n'est pas la doublure de la mère

– *La première naissance est donc un moment clé de la vie du couple?*

– Oui, l'un et l'autre doivent savoir que rien ne sera plus comme avant. Ne serait-ce que dans le domaine sexuel, car les désirs féminins peuvent être moins forts. Les conjoints ne doivent pas s'affoler et il est bon d'en parler sans dramatiser.

Quand une famille grandit, les problèmes matériels risquent de devenir pesants. Il faudra changer de voiture, de logement, s'organiser pour les conduites à l'école, s'occuper des loisirs des enfants, de leurs soins. Ces préoccupations accapareront le temps du couple et provoqueront des soucis financiers. Là encore, la bonne entente passe par un dialogue qui permet, sans précipitation ni agressivité, de résoudre ensemble les problèmes.

– *Les pères partagent-ils vraiment les tâches à ce moment-là?*

– Ils participent bien tant que l'enfant est jeune, mais certains décrochent au moment de la pré-adolescence quand leur gamin devient plus autonome et qu'eux-mêmes sont davantage repris par leur vie professionnelle.

De son côté, la mère peut alors reprocher à son mari de ne pas être père comme elle le voudrait, c'est-à-dire de la laisser seule pour s'occuper des enfants. Mais je pense que les femmes doivent éviter de faire un contresens car l'identité masculine ne consiste pas à se centrer sur l'intimité familiale.

– Est-ce à dire que l'homme ne doit pas trop aider sa femme dans les tâches éducatives?

– Non, mais je pense qu'il ne peut pas remplacer la mère et que son rôle se situe ailleurs. Peut-être l'une des difficultés actuelles des pères vient-elle de ce qu'on leur demande d'être performants dans leur métier souvent dur, accaparant et fatigant tout en se montrant disponibles le soir quand ils rentrent. Bien sûr, l'exigence est la même pour les femmes qui travaillent. Mais celles-ci passent plus facilement de leurs préoccupations professionnelles à la vie familiale. Or ce passage d'un monde à l'autre n'est pas le charisme des pères : ils ont besoin d'un sas de décompression, d'un temps pour passer d'une fonction à l'autre.

Et quand les enfants grandissent, son rôle n'est pas d'avoir avec eux un lien où domineraient les soins maternants. Certaines femmes ne le comprennent pas, voulant trop souvent que les pères soient une doublure et les remplacent. Par exemple, de nombreuses mères se plaignent de voir père et fils regarder ensemble un match de rugby à la télé pendant 1 h 30, sans se rendre compte qu'au cours de ce partage convivial, le père peut être vraiment dans son rôle éducatif.

La recherche de la sécurité totale

– Les enfants obligent à des adaptations dans la vie du couple, mais ils ne sont pas les seuls à provoquer des tensions. Qu'est ce qui, dans l'attitude des conjoints eux-mêmes, peut bloquer ou faciliter la relation?

– Le manque de confiance en soi a toujours rendu la vie conjugale difficile, car nous avons tous besoin d'être réhabilités, admirés, rassurés par l'autre : « As-tu vu ce que j'ai fait? » « Crois-tu que je suis capable de faire ceci ou cela? » Cette impression de ne pas valoir suffisamment, d'être incompétent ou incapable, nous rend tous plus ou moins égocentriques et nous empêche d'être présents et disponibles à l'autre. Je vois souvent des femmes, mais aussi des hommes, déplorant que leur conjoint ne soit pas assez attentif à leur vie et à leurs désirs.

Or si les partenaires ne se décentrent pas un peu, pour s'intéresser à l'autre, le couple craquera tôt ou tard. Je demande à ceux qui viennent me voir : « Que pourriez-vous faire d'inattendu pour surprendre l'autre? » Et ma question les déconcerte complètement, car la plupart sont persuadés qu'ils sont incapables d'étonner leur conjoint. Ils se sentent tellement minables que l'idée ne les a pas effleurés. Leur préoccupation essentielle se situe à l'opposé : « Que peut changer l'autre dans son attitude pour que moi je me sente bien? »

Ce besoin d'être au centre va se manifester par des petites choses : « Si tu m'aimais, tu ferais plus attention à ceci, à cela. » Psychologiquement, les partenaires ont toujours besoin de se sentir au centre et d'être valorisés. Ils ont quitté leur famille sans réaliser qu'ils allaient demander au conjoint de remplacer à lui tout seul la sécurité qu'apportait tout leur entourage. Je pense à cette femme me disant que le mariage devrait lui assurer « la sécurité totale ». Un aveu ahurissant de naïveté et d'immaturité.

– Cette demande d'être tout le temps rassuré, conforté, ne va-t-elle pas vite devenir pesante et même intolérable pour l'autre ?

– Si, car elle correspond à une sorte de pouvoir pervers : on se présente comme incapable d'exister sans le conjoint, mais, grâce à cet argument, on accapare ses pensées et son dynamisme ! Ainsi, celui qui est apparemment le plus faible, le plus vulnérable a, de fait, le pouvoir.

Il est bon aussi que le couple ait une vue à moyen et long terme en sachant que certains jours on s'aime beaucoup, d'autres on s'entend moins bien, sans que cela soit une catastrophe. Ceux qui ont vu leurs parents vivre des désaccords puis en parler calmement et se réconcilier auront une vue plus saine des fluctuations conjugales.

Apprendre à casser la routine

– Mais les partenaires sont-ils convaincus au départ de la nécessité d'avoir des dialogues fréquents et profonds ?

– En théorie oui. Ils savent que le dialogue est nécessaire mais la pratique est plus difficile. Je pense à ce week-end consacré à la communication dans le couple et auquel participaient des hommes et des femmes ayant déjà une certaine expérience conjugale. De nombreux conjoints avouent qu'ils ne communiquent pas car ils sont victimes d'une sorte d'autocensure : « Ce n'est pas la peine de lui en parler, ça ne l'intéresse pas » ; « Ça ne changera rien » ; « Si je lui dis ça, il va se mettre en colère » ; « Elle va me reprocher de lui dire toujours la même chose ».

Donc chacun restreint sa parole en pensant que parler ne sert à rien. Mais, en même temps, il regrette que l'autre ne saisisse pas tout seul ce qu'un mari ou une femme devrait normalement comprendre spontanément.

– Certains se plaignent de la routine qui s'installe peu à peu dans la vie du couple et la rend ennuyeuse. Comment éviter cette dérive ?

– Pour casser la routine, il faut savoir un peu renoncer à soi pour se centrer sur l'autre et essayer de se représenter son point de vue, ses attentes, ses opinions.

Aussi est-il nécessaire d'apprendre à entendre ce que dit l'autre dans la vie quotidienne. Le partenaire parle beaucoup, pas seulement avec des mots, mais on l'entend rarement. On ne sait pas écouter, car la véritable écoute de l'autre peut être déstabilisante si ses demandes mettent en cause notre façon d'être et d'agir.

– Vous voyez beaucoup d'attitudes rigides à l'origine des tensions dans les couples ?

– La rigidité est toujours un symptôme de faiblesse qui signifie en substance : « Je ne peux pas me permettre de changer quoi que ce soit à mon attitude, sinon je ne suis plus rien. Il faut donc que je reste tel que je suis. »

– Oui, mais en même temps, chacun doit avoir une certaine densité, ne pas être une girouette qui change d'opinion et de comportement selon la force du vent.

– C'est vrai. Conserver ses options profondes montre que l'on a une bonne solidité interne. Mais ce n'est pas une raison pour se montrer inaccessible à des opinions et à des attitudes différentes des siennes. Surtout ne pas croire qu'en écoutant l'autre et en nous laissant pénétrer par sa parole nous sommes menacés. Ce que laissent entendre des ripostes fréquentes du genre : « Tu vas encore me dire que… Je ne veux plus entendre parler de ça… »

– L'un des secrets de la réussite du couple c'est donc d'évoluer sans menacer l'autre?

– Oui, mais le mouvement doit être réciproque. Chacun part d'un monde assez limité et, le jour où l'on est amoureux, on accepte de sortir de cet univers étroit pour s'épanouir au contact d'autres réalités. On a compris, de façon plus ou moins inconsciente, que l'autre allait nous aider à rendre notre vie plus intéressante. Mais à partir du moment où l'on perd le sentiment que l'autre va nous enrichir, le couple court un grand danger. J'entends souvent des femmes me dire : « Avec lui, je n'avance plus. Il ne s'intéresse pas aux mêmes choses que moi, ne se pose pas les mêmes questions, il ne veut pas évoluer. » Et parfois, cette phrase terrible : « Avec lui, je perds mon temps » qui dénote une conception très utilitariste des relations conjugales.

Écouter sans juger, un art difficile

– Je reviens sur le dialogue : certains ne veulent pas parler parce qu'ils ont peur que le conjoint ne comprenne pas?

– Les époux se parlent mais il s'agit souvent d'un dialogue tronqué du genre « passe-moi le sel », « le soleil est chaud aujourd'hui ». En fait, il n'y a pas de communication car on ne dit pas quelque chose de soi à l'autre et l'on n'attend pas qu'il nous livre quelque chose de son intimité.

– *Mais ne risque-t-on pas de faire peur au conjoint en lui donnant l'impression qu'on va le juger dès qu'il dévoilera sa personnalité profonde ?*

– Écouter sans juger l'autre est un art difficile qui s'apprend et nous insistons sur ce point lors des week-ends de formation. Un homme m'a dit un jour : « J'ai compris que le "tu", ça "tue". » Il avait découvert qu'en disant souvent à sa femme « tu as oublié ceci » « tu devrais faire cela », celle-ci se sentait agressée. Il a saisi alors qu'il devait exprimer son désir de communication à partir de ses propres besoins en disant par exemple : « pour les prochaines vacances, j'aimerais bien qu'on fasse ceci ou cela. Et toi, de quoi as-tu envie ? »

C'est le B-A BA de toute communication, car le dialogue échoue immanquablement si transparaît l'ombre d'un jugement qui peut donner au partenaire l'impression qu'il est critiqué et remis en cause.

Sont également recommandées les attitudes de soutien qui consistent à accueillir la douleur ou la joie de l'autre et à accepter de les partager autant que possible. Cette pratique permet d'éviter le pugilat et aide à rebondir pour dialoguer de façon positive. Exactement l'inverse du dialogue de sourds où l'un rentre en disant : « Je suis fatigué, j'ai passé une mauvaise journée » alors que l'autre répond « et moi donc, si tu savais ce qui m'est arrivé. »

S'accepter vulnérable

Parmi les attitudes favorisant les échanges et formalisées par Porter, l'une des plus efficaces est l'empathie. Elle consiste à pouvoir communiquer avec soi-même, c'est-à-dire à être conscient de tout ce qui nous traverse (impatience, agacement, joie) tout en restant disponible à l'autre. En couple, le plus souvent, on ne pense qu'à se couper la parole sans écouter ce que dit l'autre. Or dans la mesure où nous restons trop centrés sur nous-mêmes, nous filtrons et sélectionnons une partie du message du conjoint qui, de ce fait, est appauvri ou même dénaturé.

Mais si nous voulons vraiment être rassurés, confortés par notre partenaire, il est nécessaire de s'accepter vulnérable devant lui. Si nous reconnaissons qu'il y a en nous une brèche, une faille, sans essayer de la camoufler à force de rigidité, l'autre pourra vraiment s'approcher et nous aider.

– Vous organisez au CLER des formations pour les jeunes couples ; que leur apprenez-vous ?

– Oui, nous travaillons dans les équipes « 3 ans » avec des couples débutant leur vie conjugale et qui, sans avoir de difficultés particulières, s'engagent à dix réunions par an, pendant trois années. Nous leur apprenons d'abord à s'écouter, à ne pas se couper la parole ni à se juger, et nous prenons avec eux des exemples concrets dans leur vie professionnelle et familiale. Pour la très grande majorité, c'est efficace car ils mettent ces conseils en pratique et nous disent souvent : « Sur ce point, nous n'étions pas d'accord, mais nous nous sommes écoutés. » Et finalement ils trouvent un réel plaisir à communiquer car l'un et l'autre peuvent s'exprimer plus librement et profondément. Ce plaisir de l'échange reste dans leur mémoire et leur donne envie d'y revenir.

– Leur apprenez-vous à gérer les conflits ?

– Dans ce domaine, il n'existe aucune recette magique mais l'exercice d'assouplissement mental qui consiste à être disponible à ce que dit l'autre fait perdre au conflit l'aspect catastrophique qu'il avait auparavant. Nous leur donnons des outils pour dédramatiser les tensions et les ramener à de plus justes proportions. Et ils nous disent tous que cette formation facilite grandement leurs relations.

6
Qui détient le pouvoir dans le couple?

– Dans les couples modernes, on s'interroge beaucoup plus qu'autrefois sur la question du pouvoir. Qui, de l'homme ou de la femme, est le « patron »? Et celui qui a le pouvoir l'exerce-t-il dans tous les domaines?

– On pourrait penser, dans la perspective de l'idéologie libertaire de 1968, qu'il est affreux de parler de pouvoir dans la relation conjugale. Et pourtant la famille est un lieu où s'exerce, non pas un pouvoir, mais de nombreuses formes de pouvoirs.

Je n'en suis pas choquée car il est nécessaire pour l'équilibre du couple que chacun puisse, dans les domaines qui sont les siens, avoir des responsabilités qui correspondent à un certain pouvoir. Le problème est alors de gérer l'équilibre entre les conjoints et de bien négocier les renversements de pouvoir qui, par leur caractère inattendu, peuvent provoquer des dégâts.

– Quand vous parlez de plusieurs pouvoirs, discernez-vous des secteurs d'influence différents pour les hommes et pour les femmes?

– J'ai dénombré plusieurs lieux où les partenaires peuvent exercer leur pouvoir : la vie domestique, l'argent, la sexualité, la parole, l'éducation et l'affectivité. Parfois il s'agit de domaines plutôt réservés à l'un ou à l'autre, parfois au contraire ce sont des secteurs où la concurrence est ouverte, chacun essayant d'imposer ses vues au conjoint.

Dans la sphère domestique, la modernité n'a pas changé grand-chose : la femme gère l'espace familial, la nourriture, la décoration, l'atmosphère, le linge, l'hygiène et la santé. De son côté, l'homme prend en charge le bricolage, la voiture, le chauffage, les réparations et le jardin quand il y en a.

Enfin, il y a des domaines où les attributions sont plus floues : par exemple, pour les emplois du temps communs, les sorties, les relations avec les amis.

– L'organisation de la vie domestique provoque-t-elle souvent des conflits de pouvoir?

– La répartition est en général bien acceptée dans la mesure où celui qui a la charge d'un domaine se révèle compétent. Les problèmes commencent dès que l'un a l'impression qu'il s'y prendrait mieux que l'autre, par exemple pour faire la cuisine, bricoler ou jardiner.

Il peut aussi y avoir des difficultés quand l'un des conjoints, surchargé par son travail, se plaint de ne pas être secondé dans ses tâches domestiques. Ainsi, je vois des femmes qui manifestent une certaine aigreur en voyant que leur mari ne les aide pas pour les courses ou le ménage.

Mais les conflits deviennent surtout graves quand la répartition des tâches est vécue comme une décision unilatérale, l'autorité de l'un s'imposant absolument à l'autre. Ainsi je connais une femme qui interdit à son mari de prendre quelque chose dans le frigidaire car, dit-elle, cela déséquilibre ses projets de courses et de repas prévus pour la semaine. Et elle vit les incursions dans son domaine comme une véritable agression.

Je pense aussi à une mère de famille pour qui le rangement est obsessionnel. Elle ne supporte pas que son mari ne fasse pas exactement les choses comme elle l'a prévu. Bien entendu, ce comportement provoque de graves conflits car son partenaire accepte mal cette attitude rigide.

– Cette rigidité est-elle réservée au sexe féminin ?

– Pas du tout, on la trouve aussi chez les hommes. Je pense à ce mari qui interdit à sa femme d'entrer dans son atelier.

– L'occupation du temps du couple peut-il aussi être source de tensions ?

– Oui, par exemple quand l'un impose à l'autre la télévision pendant le repas. De nombreuses femmes supportent mal cette exigence venant généralement de l'homme.

Les sorties du soir posent aussi un problème aux jeunes couples. Une femme m'a dit récemment qu'elle avait un mari « célibataire » qui part régulièrement le soir sans dire où il va ni à quelle heure il rentre. Et le cas n'est pas rare de ces jeunes hommes qui sortent, non pour retrouver une autre femme mais pour rejoindre des copains comme ils le faisaient avant leur mariage. Certains revendiquent avec force cette liberté de sortir sans leur femme.

L'argent entame le pouvoir masculin

– Le pouvoir de l'argent est-il à l'origine de conflits graves entre les époux ?

– On connaît la force de ce pouvoir qui permet de satisfaire les désirs, de posséder des objets et de vivre comme il vous plaît. C'est le pouvoir de l'avoir, mais l'argent donne aussi le pouvoir d'être. Avec de l'argent, je peux être reconnu socialement. C'est un signe d'autonomie, et les collégiens ne s'y trompent pas quand ils définissent l'adulte comme celui qui a de l'argent. Grâce à lui, on peut développer certaines dimensions personnelles, intellectuelles ou esthétiques. L'argent donne du poids dans la vie.

– Le fait que les femmes puissent maintenant gagner de l'argent a-t-il modifié les relations dans le couple?

– Certainement, car on sort d'une période où les mères et les grands-mères des jeunes femmes actuelles recevaient chaque semaine, ou chaque mois, de l'argent de leur mari. Sans pouvoir en parler avec lui. À l'époque, la femme ne pouvait pas refaire sa vie ailleurs, car elle n'avait aucune indépendance financière. Elle était attachée à son piquet comme la chèvre de Monsieur Seguin.

Aujourd'hui la situation est totalement différente dans la mesure où les femmes gagnent elles-mêmes de l'argent. Aussi peuvent-elles dire à leur mari : « Tu sais, si ça va mal entre nous, les enfants et moi nous nous débrouillerons. » Devant cette menace, de nombreux hommes se sentent totalement vulnérables.

– L'argent est donc l'un des moyens de renverser le pouvoir dans le couple?

– Oui, car autrefois seule une petite minorité de femmes ayant une fortune personnelle pouvaient tenir tête à leur mari. Plusieurs fois, j'ai vu des femmes mariées abandonner le foyer conjugal au moment où elles touchaient leur héritage : c'est dire à quel point l'argent donne aux femmes une autonomie qu'elles n'avaient pas avant.

N'oublions pas cependant que l'incapacité de la femme mariée à gérer sa fortune a duré très longtemps, puisqu'elle n'a eu tous ses droits qu'en 1965.

– Mais, concrètement, que se passe-t-il dans les couples modernes quand chacun des époux gagne sa vie?

– Assez souvent les conjoints se répartissent les territoires. Les hommes payent plutôt les factures (loyer, électricité, assurances) et les femmes s'occupent des dépenses quotidiennes. Mais ce partage amène certains hommes à protester en disant qu'ils ont la charge des frais fixes alors que leur femme peut économiser sur la nourriture en mettant davantage de pommes de terre et de nouilles si elles veulent s'offrir un pull ou une jupe. Le pouvoir de l'homme vis-à-vis de l'argent a aussi basculé le jour où l'on a demandé aux deux époux de signer la déclaration d'impôts. En effet, certains maris cachaient à leur femme le montant exact de leur salaire.

– Donc, au niveau de l'argent, l'évolution des mœurs faciliterait plutôt les relations entre époux?

– L'argent reste une source de pouvoir mais celui-ci me semble mieux partagé que dans le passé. Il est bon, à mon sens, que chacun participe à la prospérité du couple.

Le pouvoir sexuel change de camp

– Selon votre connaissance des couples actuels, le pouvoir sexuel est-il lui aussi mieux partagé aujourd'hui entre l'homme et la femme?

– Le pouvoir sexuel a deux dimensions. D'abord, il permet de rendre l'autre heureux et d'être la source de son plaisir et de sa joie. D'autre part, la sexualité peut rendre père et mère un homme et une femme qui s'aiment, et cela donne à leur aventure humaine un plus considérable. En effet, l'arrivée de l'enfant dynamise le couple, l'aide à se projeter dans l'avenir et exorcise l'angoisse du temps. Grâce à l'enfant, les époux savent qu'une part d'eux-mêmes leur survivra dans le futur.

– Mais malgré ces bienfaits de l'aventure sexuelle, peut-on parler d'une lutte pour le pouvoir entre les hommes et les femmes dans ce domaine?

– Dans le passé, la sexualité, comme l'argent, faisait partie du pouvoir de l'homme. Ne disait-on pas que les femmes devaient faire leur « devoir conjugal », alors que la formule ne s'est jamais appliquée aux hommes. Les mécanismes de la fécondité n'étant pas bien connus, la femme subissait le pouvoir de l'homme sans aucune limite. Et dans certaines familles, les naissances se succédaient, peu espacées, sans que la femme puisse donner son avis. N'oublions pas qu'au début du XIXe siècle, la durée moyenne de vie des femmes ne dépassait pas 35 ans.

D'autre part, la société considérait que la sexualité masculine étant plus instinctive, il était admis que l'homme, même s'il était marié, puisse avoir une vie sexuelle extra-conjugale. Et cela n'entraînait pas de jugement défavorable.

En revanche, les femmes dites « légères » étaient souvent montrées du doigt et jugées très sévèrement. Et la honte était promise à une épouse qui faisait une « faute ». Les femmes ont donc un lourd passé de servitude dans le domaine de la sexualité.

Or le renversement de tendance est considérable. Les évolutions scientifiques ont donné aux femmes à la fois les connaissances des mécanismes biologiques concernant la fécondité et les moyens de la maîtriser. De son côté, le mouvement féministe leur a soufflé l'idée et le désir d'être seules détentrices du pouvoir d'enfanter. Cette prise en main de la fécondité du couple par les femmes a d'ailleurs été avalisée par la plupart des hommes, d'autant qu'ils sont conscients de ne pas pouvoir s'opposer dans ce domaine à la volonté de leur compagne. Certains s'en accommodent dans la mesure où existe un réel dialogue dans le couple. Reste que, dans la plupart des cas, c'est la femme qui, en fonction de ses désirs et de ses autres activités, prend la décision d'avoir ou de ne pas avoir un enfant.

– Que se passe-t-il quand l'homme n'est pas d'accord et conteste ce pouvoir de décision féminin ?

– C'est une source de réelles difficultés qui peuvent surgir dans des situations très différentes : la femme peut avoir une très forte envie de donner la vie, alors que son mari ne veut pas d'enfant tout de suite. Ou l'inverse. Si la décision de procréer n'est pas abordée dans un dialogue confiant et si l'un des deux ne se sent pas respecté dans son désir, la vie du couple en pâtira gravement.

– Les femmes d'aujourd'hui ont repris le pouvoir de décider de leur maternité, mais ont-elles des exigences sur la relation sexuelle elle-même ?

– Oui, car sous l'influence du féminisme un certain nombre d'épouses veulent avoir avec leur mari des relations sexuelles de qualité. Ouvrages et revues traitent de sexologie et les femmes ont des revendications sur la manière de s'y prendre et sur la fréquence, alors qu'autrefois elles ne se permettaient pas de faire la moindre remarque. Et si leur mari n'est pas à la hauteur, elles le disent et s'en plaignent.

Mais il existe toujours des femmes qui disent avoir été violentées par leur partenaire, c'est-à-dire forcées à une activité sexuelle qu'elles ne souhaitaient pas. C'est surtout vrai dans le cas où l'homme est sous l'emprise de l'alcool.

– Les femmes, de leur côté, exercent-elles un pouvoir sexuel sur l'homme ?

– Elles le font surtout en refusant les relations quand elles n'en ont pas envie. Elles peuvent même aller jusqu'à faire chambre à part pendant un certain temps, contre la volonté du conjoint. Cette attitude était impensable autrefois quand les filles étaient élevées dans l'idée qu'elles devaient faire plaisir à leur mari, moyennant quoi elles avaient des satisfactions dans d'autres domaines.

– Les couples actuels échangent-ils beaucoup entre eux sur la sexualité ?

– C'est très variable, mais souvent ils en parlent parce que les médias présentent des modèles de comportement et de réussite sexuels. Si leur vie de couple n'est pas conforme à ce qui est décrit dans les films ou les magazines, ils pensent qu'ils ne doivent pas bien savoir s'y prendre puisque d'autres font beaucoup mieux.

Mais une certaine littérature sexologique a des effets très négatifs en banalisant des comportements tels que la sodomie et la fellation, qui sont à l'origine de graves difficultés dans les couples. Souvent, l'un des partenaires n'est pas d'accord sur ces pratiques exigées par l'autre, d'où parfois de brutales ruptures.

Enfin, le climat ambiant favorise un désir de transparence totale qui peut provoquer des ravages. Par exemple, certains jeunes couples pensent que si l'un des partenaires fait un écart passager, il doit tout de suite le dire à l'autre.

Cette exigence de transparence, en théorie estimable, se révèle en fait dangereuse car la blessure narcissique provoquée par une infidélité cicatrise très difficilement. On dit que l'adultère est banalisé aujourd'hui, mais c'est le plus souvent une épreuve très douloureuse. Beaucoup de jeunes ont envie que leur couple dure et l'infidélité du conjoint est perçue comme une grave trahison de la confiance. Celui qui trompe se dit que l'autre ne lui pardonnera jamais et celui qui est trompé a l'impression qu'une chape de plomb a étouffé sa vie conjugale et détruit l'image qu'il s'en faisait.

La parole, source de pouvoir

– Le pouvoir de la parole a-t-il de l'importance dans la vie du couple?

– Beaucoup. On dit que les femmes sont plus douées que les hommes pour parler, et les chercheurs parlent d'une capacité cérébrale particulière des femmes, mais je pense que l'éducation joue un grand rôle. Les enquêtes montrent d'abord que les parents parlent davantage à leur fille qu'à leur fils quand ils sont tout petits. Notamment les mères qui partagent un certain nombre d'activités avec leurs gamines.

Je crois, d'autre part, que les filles sont davantage portées à analyser ce qu'elles ressentent affectivement alors que les garçons sont d'abord attirés par l'action. Plutôt que de se raconter des histoires, le petit homme préfère taper dans un ballon. Quand je rencontre des groupes mixtes de 11-12 ans, les garçons ne disent rien alors que les filles parlent très abondamment.

Or, celui qui sait parler a toujours un certain pouvoir. Autrefois, les femmes, n'ayant guère d'activités dans la société, bénéficiaient au moins de la parole dans la sphère domestique. Aujourd'hui, elles sortent, font des études et travaillent dans des domaines où elles acquièrent un véritable pouvoir car elles réussissent bien comme enseignantes, médecins, avocates. Reste le secteur politique où les hommes ne leur laissent pas encore beaucoup de place, même si les choses évoluent lentement.

– Et que se passe-t-il dans la vie familiale? L'aisance verbale des femmes leur donne-t-elle le pouvoir?

– Souvent, car pour tout ce qui concerne les relations humaines, les femmes évaluent plus vite les situations et les enjeux. Elles réagissent donc plus rapidement que les hommes.

– La prise de parole en couple est-elle vraiment une source de conflit ou bien chacun accepte-t-il une certaine répartition des rôles, les hommes reconnaissant volontiers que leurs femmes sont plus « bavardes » qu'eux?

– La place de la parole dans un couple peut parfois être un sujet douloureux, car certaines femmes se plaignent de ne pouvoir réellement parler, échanger avec leur mari. De nombreux couples souffrent d'un manque de communication verbale et les femmes aimeraient que leur mari parle davantage aux enfants et ne fuie pas le dialogue en allumant la télé.

De leur côté, certains hommes supportent mal que leur femme soit de véritables moulins à paroles. Je pense à ce jeune mari qui me disait : « Si je ne peux pas placer ma parole au début du repas, je n'arrive pas à la reprendre ensuite car ma femme parle tout le temps. »

Dans la parole, il y a non seulement le volume et le contenu mais aussi le rythme, la facilité et surtout l'aptitude à faire mouche par de petites phrases, domaine où certaines femmes excellent.

Éducation, les hommes renoncent trop vite

– La prise du pouvoir dans le domaine éducatif provoque-t-elle des tensions entre hommes et femmes ?

– Pas tellement, car il existe une complémentarité reconnue par les enfants quand ils disent « avec papa, on a plaisir à faire telle ou telle activité et avec maman on discute ». Le danger apparaît à partir du moment où la femme envahit totalement le champ éducatif et ne laisse pas l'homme tenir son rôle de père. Il est d'ailleurs assez facile, pour une mère qui voit davantage ses enfants dans la vie quotidienne, d'exclure son mari des responsabilités éducatives.

– Les hommes s'en plaignent-ils ?

– Certains résistent et veulent en week-end aller chercher leurs enfants à l'école et faire des choses avec eux. Mais souvent ils perdent pied au moment de l'adolescence quand ils se trouvent confrontés non plus à un petit enfant mais à un être qui prend son autonomie et rue dans les brancards. À ce stade, les pères ne sont pas très enthousiastes pour partager les moments difficiles de l'éducation.

Enfin, certains hommes renoncent un peu vite en se sentant disqualifiés, en particulier quand il s'agit de dialoguer avec les adolescents. J'entends parfois ce genre de réflexion : « Ma femme comprend mieux les enfants que moi, elle sait leur parler car elle est très proche d'eux », ce qui signifie que les pères se sentent maladroits, balourds. Certains souffrent d'être déphasés par rapport à leur vie familiale, mais ils ne peuvent pas changer grand-chose à cette situation…

– Les hommes sont-ils toujours aussi résignés et passifs devant le pouvoir éducatif féminin ?

– Non, certains nient violemment la capacité éducative de leur partenaire et vont jusqu'à dire : « De toute façon, ta mère est nulle, c'est une incapable. Ce qu'elle dit est idiot. » Et les femmes, à leur tour, accusent devant les enfants leur mari d'être menteur ou vantard.

Mais, il faut le reconnaître, la mère a un poste privilégié : elle voit tout, sait tout ce qui se passe dans la famille et le pouvoir éducatif lui revient presque naturellement.

– Observez-vous le même phénomène chez les jeunes couples ?

– Oui. Mais je perçois chez certains un retour à une sorte de rigidité éducative avec des principes qui semblent venir d'un autre âge. Je pense à ce jeune père, interdisant à sa femme de câliner son bébé pour ne pas lui donner de mauvaises habitudes qui pourraient en faire un enfant insupportable. Elle s'est soumise à cette exigence pour le premier, mais pour le second, elle résiste, car elle a davantage confiance en son propre sens éducatif.

– Comment expliquez-vous ce rigorisme éducatif de la part de certains jeunes parents ?

– Je crois que cette réaction vient du fait qu'ils ont eu une enfance difficile en raison du manque de repères. Ils ont fait des bêtises, perdu du temps dans leurs études et beaucoup tâtonné avant de se stabiliser. Aussi se montrent-ils rigides car ils veulent autre chose pour leurs enfants.

La force des larmes

– Vous avez évoqué le pouvoir affectif. Comment se manifeste-t-il?

– Vivre avec quelqu'un de joyeux, qui rit et qui a de l'humour, est agréable. Au contraire, il est pénible de côtoyer un homme qui a toujours une tête de porte de prison ou une femme qui ressemble à une « mater dolorosa ». Et dans les familles, l'expression revient souvent : « Vois la tête que tu fais. » On est sensible aux émotions d'autrui et on découvre aussi que certaines de nos émotions peuvent nous donner un certain pouvoir sur l'autre. Ainsi les femmes connaissent bien le pouvoir des larmes sur les hommes. Elles peuvent les utiliser pour attendrir, exaspérer, deux itinéraires plus ou moins directs pour amener leur mari à se montrer davantage conciliant. Une arme souvent efficace.

– Et selon vous, quelles sont les armes masculines dans le domaine de l'affectivité?

– La colère est très redoutée par les femmes car beaucoup se sentent complètement déstabilisées par la violence verbale des hommes. Et pourtant on observe chez certains couples le syndrome de l'« homme violent », la femme alimentant de son côté ce mécanisme en provoquant son mari. Tout se passe comme si l'un et l'autre avaient besoin d'une explosion cyclique pour faire baisser la tension entre eux, quitte à avoir ensuite, un moment de calme, presque une petite lune de miel où ils se disent que c'est la dernière fois qu'ils se disputent. Puis la tension remonte et, d'une manière souvent inconsciente, la femme vient gratter une allumette près des vapeurs d'essence et tout explose.

En fait, ces conflits éclatent dans les couples très fusionnels, la dispute étant alors un moyen de respirer et de prendre un peu de distance par rapport à l'autre.

– Avoir recours à la colère, la sienne ou celle de l'autre, n'est-ce-pas aussi une manœuvre pour échapper au pouvoir envahissant du conjoint?

– Oui, tout se gâte quand le pouvoir devient une véritable emprise qui paraît inacceptable à l'autre. Je pense à cette femme qui ne supporte pas que les choses de la maison soient rangées autrement qu'elle l'entend. Or cette attitude provoque des accès de fureur chez son mari qui, se trouvant en pré-retraite, dit qu'il est aussi chez lui à la maison.

– Dans ce cas-là, que faites-vous?

– On essaye de comprendre ce qui se passe dans la tête des partenaires. Par exemple, pourquoi est-il dramatique que les fourchettes soient rangées ici plutôt que là? Pourquoi cette femme a-t-elle un besoin d'ordre si important qu'il va jusqu'à empoisonner la vie conjugale? Elle-même est incapable de l'expliquer.

– Mais une personne d'âge mûr peut-elle évoluer sur ce point et devenir moins rigide? N'est-elle pas structurée une fois pour toutes au point de ne plus pouvoir changer d'attitude?

– Elle peut encore évoluer dans la mesure où elle retrouve confiance en elle dans un autre domaine. Cette raideur est fréquente chez les personnes qui, en raison d'un passé difficile, doutent d'elles-mêmes et ne se sentent pas valorisées par leur conjoint, malgré ses qualités. Si par de petits actes le partenaire lui redonne confiance, elle pourra un peu lâcher prise dans ses exigences obsessionnelles, et la relation de couple s'en trouvera améliorée.

– *Cet exemple concernait une femme ; les hommes manifestent-ils aussi leur rigidité ?*

– Tout autant, et en particulier pour la voiture. C'est souvent un territoire masculin, et si l'épouse fait simplement une éraflure, l'homme a l'impression que son territoire est saccagé. De même, certains hommes chamboulent toute la maison pour bricoler et c'est chez eux une manière de dire que le logement leur appartient aussi.

– *Ces petits accrochages débouchent-ils sur des crises graves ?*

– Non, pas forcément. Cependant, ce sont des symptômes d'une relation qui ne fonctionne pas très bien, et il faut essayer de décrypter les difficultés sous-jacentes. Mais quand les partenaires en restent à des chamailleries, tout n'est pas négatif car les petits incidents provoquent des échanges. Et les paroles, même un peu vives, sont parfois préférables à l'absence de parole. Car s'il y a échange, cela prouve que l'autre existe pour moi, et inversement.

Il est vrai aussi que certains couples pourraient, avec un peu plus d'attention, diminuer la fréquence de leurs accrochages ! S'ils ne le font pas, c'est qu'ils en retirent l'un et l'autre des bénéfices tangibles… mais inavouables !

7
Forces et fragilités des couples chrétiens

– *Les chrétiens convaincus, et non pas ceux qui se sentent vaguement rattachés à la religion par tradition familiale, manifestent-ils dans leur vie de couple des forces et des fragilités particulières ?*

– Tous les couples qui choisissent de se marier, qu'ils soient chrétiens ou non, ont le ferme espoir que leur aventure durera et sera épanouissante. Mais les jeunes ménages profondément croyants ont, au démarrage, une force incontestable dans la mesure où ils pensent que leur existence a un sens spirituel. Non seulement la leur, mais aussi celle des autres. Ils ne sont pas perturbés par cette incertitude, ce cynisme ou ce désespoir qui mine ceux qui ne savent pas pourquoi ils sont sur terre. Les hommes et les femmes aux yeux de qui la vie n'est pas absurde et qui pensent qu'un avenir est possible ont donc un atout formidable au moment de s'engager dans une relation amoureuse durable. En général, ils paraissent mieux armés pour aborder les difficultés de la vie de couple, car ils peuvent dédramatiser plus facilement. Quand on est persuadé que les autres sont nos frères parce que nous sommes tous enfants d'un même Dieu, le regard que nous portons sur nos semblables est différent et notre attitude peut être davantage imprégnée de bienveillance.

– Alors les convictions religieuses favoriseraient fortement la bonne entente conjugale?

La foi rend clairvoyant

– Oui et non, car les chrétiens convaincus sont aussi des gens plus tourmentés. Si leur foi leur donne une grande clairvoyance, ils se désolent en découvrant la distance qui existe entre ce qu'ils voudraient être et ce qu'ils sont. Voulant mettre l'amour au centre de leur vie, ils constatent qu'ils n'arrivent pas à la hauteur de leur idéal et ils se découvrent égocentriques et limités. À l'instar de Saint Paul, ils reconnaissent : « je ne fais pas le bien que je veux et commets le mal que je ne veux pas » (Rm 7, 19).

Les couples profondément croyants me paraissent à la fois plus déterminés que les autres, mais aussi plus vulnérables.

– Pourtant, si la religion pousse à traiter l'autre comme un frère, cela devrait faciliter les relations avec le conjoint?

– Oui, cet *a priori* positif vis-à-vis d'autrui peut jouer un rôle au moment de la rencontre amoureuse et surtout quand on s'interroge sur la suite à donner à cette relation. Au lieu d'en rester au plaisir momentané, les chrétiens convaincus se posent plus facilement que d'autres la question : pouvons-nous construire ensemble un projet durable? Et toutes les enquêtes montrent que les croyants ont moins de difficultés à s'engager que les autres et qu'ils parviennent mieux à inscrire leur amour dans la durée.

Mais cette médaille a un revers : quand il y a échec, les gens tombent de très haut. Les chrétiens que je vois quand leur couple bat de l'aile, me disent : « Ce n'est pas possible, on avait le même idéal, on était tellement désireux de faire quelque chose ensemble, je ne comprends pas que tout soit fini. » Pourtant, certains ne perdent pas totalement confiance, estimant que les choses peuvent s'arranger s'ils parviennent à renouer les fils de leur projet d'origine.

Un modèle d'amour fusionnel

– Mais ces couples qui ont un idéal d'entente très élevé n'en deviennent-ils pas trop exigeants pour leur conjoint ? Et une certaine spiritualité chrétienne n'a-t-elle pas trop valorisé un modèle d'amour conjugal fusionnel ?

– On s'est longtemps représenté l'idéal familial sous la forme d'une nombreuse famille où la femme était soumise à son mari et dévouée à ses enfants, au point de s'oublier elle-même. Et ce modèle devait permettre de résoudre tous les problèmes de relation surgissant au sein des familles.

Quand l'Église a commencé à s'intéresser à la spiritualité conjugale, elle a surtout insisté sur la nécessité d'avoir des enfants. Après la guerre de 1940, elle a, c'est vrai, engagé les conjoints à aller vers la fusion spirituelle. C'était en quelque sorte un « progrès » car on pensait alors que le couple était appelé à se sanctifier dans le mariage et que l'on n'était pas obligé, pour vraiment trouver grâce aux yeux de Dieu, de devenir prêtre ou religieuse.

Mais cette voie de sanctification dans le mariage comportait une grande exigence de partage et de communion entre les époux.

– Cette invitation à l'amour total s'accompagnait aussi de recommandations de transparence entre le mari et la femme.

– Oui, certains courants spirituels conseillaient de tout dévoiler à son conjoint : non seulement ses sentiments, mais ses tourments, ses obscurités et même sa culpabilité. Or il est aberrant de transformer cette attitude nocive pour le couple en obligation spirituelle. Je me rappelle cette personne qui s'en voulait d'avoir suivi pendant dix ans les conseils du prêtre qui l'avait mariée. Il lui avait recommandé de s'agenouiller tous les soirs au pied de son lit avec son mari pour prier et échanger devant le Seigneur. Or elle s'est rendue compte que cette obligation de transparence engendrait une attitude fausse dans le couple.

Je pense cependant que ce courant fusionnel a davantage marqué la génération des 55-70 ans que les jeunes couples d'aujourd'hui.

– Comment se comportent les jeunes générations actuelles ?

– Les connaissances psychologiques ont été vulgarisées et un certain nombre de couples chrétiens, qui ne s'entendaient pas, ont pris conscience de leurs difficultés. Certains ont essayé de les surmonter en suivant des sessions et en consultant des conseillers conjugaux. D'autres se sont séparés pour le plus grand étonnement de leurs proches tentés de dire : « Comment est-ce possible? Comment un couple si chrétien et si généreux a-t-il pu en arriver là ? »

Les jeunes générations de chrétiens sont davantage conscientes aujourd'hui que le projet de vie à deux comporte des risques et ils savent qu'un couple, c'est fragile même si les amoureux ont le désir de bien faire. Les plus croyants eux-mêmes sont devenus lucides et réalistes.

L'humilité facilite les relations

– On parle de la grâce du sacrement de mariage, mais peut-on en voir la trace dans les comportements psychologiques des conjoints ?

– L'une des traces me paraît être de se reconnaître, comme on dit en termes chrétiens, plus facilement « pécheur ». Il me semble que les croyants convaincus font preuve d'une certaine humilité dans les difficultés et les échecs. On le découvre en entendant des phrases du genre : « Je dois avoir ma part de responsabilité dans nos problèmes. »

Je ne veux pas dire que ces personnes ne souffrent pas et qu'elles ont dominé tout sentiment d'animosité à l'égard de leur partenaire. Mais elles reconnaissent assez facilement qu'elles sont, en partie, responsables de l'échec. Je les entends avouer : « Je pensais pouvoir passer plus facilement là-dessus. »

– L'humilité permet donc de mieux surmonter les problèmes relationnels ?

– En partie, oui, car si je reconnais que je n'ai pas toute la vérité, je suis plus disponible pour chercher une solution positive. Je puis, par exemple, accepter qu'un tiers, qu'il soit psychologue, conseiller conjugal ou aumônier, puisse m'aider à avoir une position moins négative et crispée.

L'humilité aide aussi à ne pas s'enfermer dans une forteresse où l'on serait seul à avoir raison. Cette attitude est sans doute inspirée par la symbolique de l'enfant de Dieu. J'ai été mis au monde gratuitement et je reçois une vie qui ne m'est pas due. Cette conviction intime facilite les adaptations et permet d'être plus réaliste et de moins fantasmer sur une image idéale du couple que l'on aurait dû réussir. On accepte plus facilement nos limites et celles de notre partenaire parce que l'on sait que ces difficultés ne sont pas le tout de notre existence.

Le pardon ouvre des perspectives insoupçonnées

– *La marque chrétienne du mariage se manifeste-t-elle par d'autres comportements ?*

– Le pardon me semble être quelque chose de très spécifique à la vie conjugale chrétienne. Il faut être habité par une sorte de transcendance pour pouvoir pardonner à son conjoint ou à ses enfants. Dans le conseil conjugal, la plupart du temps les gens disent : « Je crois que je ne pourrai jamais pardonner » ; « Je n'ai pas pu y arriver » mais parfois j'entends aussi un : « Ça y est, j'ai réussi à pardonner. » Ce retournement intérieur vient, me semble-t-il, de plus loin que la personne elle-même, des valeurs supérieures l'aidant à dépasser sa déception ou son humiliation.

Cependant, le pardon n'est pas une démarche spontanée car, en pardonnant, la personne renonce à son droit et met en œuvre une gratuité sublime. Mais les fruits de cette attitude sont positifs car celui qui pardonne évite la rigidité et l'enfermement sur soi en ouvrant des chemins imprévus. Bref, il rend l'avenir de nouveau possible. Avec le conjoint, mais aussi avec les enfants.

– Justement, les couples chrétiens sont-ils des éducateurs comme les autres?

– Ils accueillent davantage d'enfants, et je pense que c'est en lien avec leur conviction profonde : la vie a un sens et nous donnons à d'autres une existence que nous-mêmes avons reçue.

Et quand ils sont confrontés aux difficultés scolaires ou psychologiques de leurs enfants, les croyants convaincus baissent moins les bras, me semble-t-il, se découragent moins et cherchent très activement la meilleure solution. Je le vois en particulier à propos des problèmes d'orientation, car ils se donnent beaucoup de mal pour trouver la voie qui rendra leur enfant heureux.

Parfois, ils sont blessés dans leur sensibilité paternelle et maternelle parce que leur enfant ne répond pas à leur attente. Pourtant, ils paraissent moins déconcertés que les autres dans la mesure où ils pensent que leur souffrance a un sens. Même si sa signification leur échappe. C'est très net en particulier pour l'accueil de l'enfant handicapé : les couples chrétiens manifestent dans ce domaine beaucoup de générosité.

Je pense aussi qu'ils sont nombreux à adopter des enfants quand leur projet initial s'articule autour du désir de ne pas vivre le mariage en circuit clos.

– Si vous vous adressiez aux responsables de la Pastorale familiale, qu'aimeriez-vous leur dire pour que l'Église soit plus proche de ce que vivent concrètement les couples?

Le parcours des divorcés remariés

– Je dirais d'abord qu'aujourd'hui l'échec du couple n'est plus comme on l'a longtemps perçu, l'échec de toute une vie. D'autant qu'il y a, sur le plan psychologique, des situations quasi intenables quand on a épousé un partenaire violent ou pervers. Aussi un certain nombre de chrétiens divorcés forment-ils un autre couple en pensant que cette union nouvelle constitue pour eux, une nouvelle chance de sanctification. Les divorcés remariés sont très meurtris quand ils ont le sentiment que leur sincérité n'est pas comprise par l'Église. D'autant que certains font un parcours de croyant dans cette nouvelle étape de leur vie et donnent à leurs enfants une formation chrétienne authentique. Certes, ils reconnaissent ne pas être exactement dans la ligne des normes de l'Église mais ils se sentent toujours membres de la communauté chrétienne. Et je souhaiterais qu'on ne les rejette pas comme s'ils étaient exclus. Sur ce point, certaines paroisses ont encore beaucoup d'efforts à faire.

– Et que pensez-vous de l'attitude de l'Église à l'égard des relations sexuelles avant le mariage ?

– Je crois qu'au lieu de regarder avec beaucoup de méfiance un comportement quasi généralisé, il serait préférable de considérer cette phase préconjugale de façon positive, pour qu'elle devienne un temps de discernement. L'Église devrait accueillir avec bienveillance ces jeunes en recherche d'un projet plus durable mais qui hésitent à s'engager.

– Vous pensez donc que les relations sexuelles avant le mariage n'ont pas l'importance qu'on leur accorde et que l'Église ne devrait pas les considérer avec autant de méfiance ?

– Je ne parle pas du vagabondage sexuel, qui est très nocif. Mais je pense que deux jeunes qui envisagent de bâtir un projet commun ne doivent pas se sentir jugés par l'Église, s'ils ont des relations sexuelles. Les hommes et les femmes qui essayent de construire leur avenir ensemble ne doivent pas être immédiatement soupçonnés.

Dédramatiser la sexualité

– *Mais quelle devrait être selon vous l'attitude de l'Église?*

– Elle pourrait dire aux jeunes : « Voilà l'idéal et maintenant, selon le chemin que vous prenez, faites en sorte que ce soit une voie positive de construction. » Je trouve que la tradition chrétienne a trop dramatisé la sexualité en brandissant la notion de « péché mortel » sans dire que d'autres comportements, tels que la violence ou le mensonge, sont aussi très destructeurs de la vie du couple.

En fait, cette vision de la sexualité correspondait à la situation de la femme qu'il fallait contrôler pour deux raisons. Parce qu'elle « provoque la concupiscence » de l'homme et parce qu'on voulait savoir à tout prix d'où venaient les enfants. Sur ce point, société civile et société religieuse se sont donné la main pour faire du péché de la chair la faute suprême.

Aujourd'hui, la femme expérimente l'égalité avec l'homme et je pense que la sexualité doit être vue d'un regard différent. Je ne prône pas du tout la liberté sexuelle, mais je trouve que dans un couple, certaines oppressions, que l'Église ne dénonce jamais, sont beaucoup plus graves que l'infidélité. De plus, toute forme de sexualité n'est pas forcément bonne à partir du moment où les gens sont mariés.

Sur toutes les questions de la vie du couple, je pense que la Pastorale familiale doit aujourd'hui avoir d'abord une parole positive d'encouragement qui favorise la réussite de l'aventure amoureuse.

8
Départ des enfants, retraite, chômage...

– Le couple est affronté au cours de son existence à des situations qui l'arrachent à la routine et l'obligent à changer ses habitudes. Certaines, telles que le départ des enfants, la retraite, la maladie sont naturelles. D'autres plus imprévisibles (chômage, stérilité, recomposition familiale) obligent vraiment les partenaires à des réajustements difficiles. Comment les couples vivent-ils ces situations limites?

– Je m'interroge sur la notion de « situation limite » car tous les couples ne vivent pas forcément de la même manière des événements tels que la retraite ou le départ des enfants.

Dans chaque cas, un réaménagement des liens s'impose : parfois il faut les approfondir ou les rompre et en prévoir d'autres. Cela peut se faire dans l'urgence ou sur le long terme. Certains couples vivent ces réadaptations de façon dramatique alors que d'autres, au contraire, se sentent libérés. Les conjoints eux-mêmes peuvent réagir très différemment. Par exemple, la mère peut être davantage affectée par le départ des enfants que le père. Ou inversement.

Le départ des enfants

– Justement, que se passe-t-il dans les relations conjugales quand l'homme et la femme qui ont élevé un ou plusieurs enfants se retrouvent en tête-à-tête?

– Certains s'en réjouissent, en particulier quand leurs enfants, vraiment autonomes, ont pu mettre au point des projets valables pour leur vie future. En voyant partir des jeunes capables de se débrouiller, les parents ont en général l'impression d'avoir accompli leur mission.

Certaines mères de famille vont aussi être heureuses de se sentir plus autonomes dans leur emploi du temps et elles apprécieront de vivre davantage pour elles. Parfois, les jeunes ne quittent la maison familiale qu'à 25 ou 28 ans et cette présence prolongée reste lourde pour la mère, même si fils et filles sont apparemment indépendants. J'entends beaucoup de parents regretter que leurs enfants tardent à prendre leur envol.

– Mais certains couples n'éprouvent-ils pas une impression de vide quand ils se retrouvent seuls

– La vie à deux est difficile pour les couples qui ont trop investi dans leur rôle parental aux dépens du rôle conjugal. Je pense à ces conjoints qui ont surtout été des parents. Ils vivront mal ces départs successifs qui correspondront à une mise à l'épreuve de leur relation. Redoutant ces épisodes « normaux » de la vie familiale, certains iront même jusqu'à prédire un avenir sombre à leur conjoint : « Tu vas te retrouver seule sans les enfants et tu verras à quel point ce sera dur! »

– Quel sens donnez-vous à cette menace?

– Cela veut dire qu'il n'y aura plus la médiation de la présence des jeunes qui peut permettre au couple d'esquiver certaines difficultés de relation. Car l'adolescent prend de la place, occupe ses parents, surtout sa mère qui se charge de sa santé, de ses repas, et entretient son linge. Lui parti, c'est le tête-à-tête sans échappatoire possible.

Certains départs d'enfants peuvent être douloureux aussi dans la mesure où ils ont lieu très tôt et ressemblent à une fuite après de fortes tensions familiales. Les parents éprouvent alors un véritable sentiment d'échec et de culpabilité.

– Mais, dans l'ensemble, les couples vivent plutôt bien le départ de leur enfant ?

– Oui, d'autant que ce départ est souvent progressif, en particulier quand les jeunes sont toute la semaine loin de chez eux pour faire des études spécialisées, revenant seulement le week-end. Les parents se préparent donc peu à peu à une séparation plus radicale et cette phase intermédiaire permet de trouver le temps de réaménager les liens conjugaux.

Je constate aussi que les jeunes quittent la maison quand ils ont trouvé un travail. Or c'est un tel soulagement en cette période difficile que leur départ est plutôt vécu comme un événement heureux.

– Le face à face au moment de la retraite doit demander des réadaptations plus importantes ?

– Maintenant, de nombreuses femmes travaillent, aussi rencontre-t-on plusieurs cas de figure. Il y a d'abord des hommes à la retraite alors que leur femme a encore une activité professionnelle. Dans cette situation, les relations sont souvent bonnes entre les conjoints : l'homme a un nouveau territoire, si sa femme lui laisse organiser la vie de la maison, faire les courses et prévoir les repas. De son côté, elle peut trouver agréable de ne pas avoir tout à faire quand elle rentre le soir chez elle.

– Et que se passe-t-il quand les deux conjoints se retrouvent à la retraite à peu près en même temps ?

Gérer le face à face de la retraite

– Cela peut poser des problèmes dans les cas où la vie professionnelle avait pris une place considérable, car, du jour au lendemain, toute la diversité relationnelle liée à la profession disparaît. Par exemple, au travail, on déjeune avec des amis qui ne font pas partie de la sphère conjugale et brusquement on se retrouve privé de cet enrichissement. La retraite peut correspondre alors à un rétrécissement des relations et ceci est pesant pour certains.

Au début, on voit d'ailleurs des retraités qui bougent beaucoup et se disent très occupés, comme s'ils étouffaient un peu dans le tête-à-tête conjugal.

Le gros problème de la retraite est de savoir comment on va réinvestir son énergie et sa créativité, car de nombreux retraités sont dynamiques et en bonne santé. Il faut gérer le face à face sans que l'un des deux ait l'impression d'être abandonné.

– L'autre peut aussi se sentir envahi. Je pense en particulier aux femmes n'ayant pas d'activité professionnelle mais qui ont organisé leur vie à leur manière. Elles redoutent de voir l'homme occuper leur territoire et bouleverser leur emploi du temps.

– Oui, elles ont parfois l'impression de perdre une partie de leur liberté. Surtout quand leur mari porte un jugement péjoratif sur leurs activités avec des phrases du genre « ma femme travaillote ».

Cette remarque montre deux choses. D'abord que les hommes n'ont pas pris la mesure de l'investissement personnel de leur épouse dans la vie associative. Cette formule manifeste aussi que l'homme a l'impression d'être abandonné si sa femme n'est pas à ses petits soins. Et au début de leur retraite, certains expriment ce sentiment d'abandon par des petits maux d'origine psychosomatique, par exemple le mal au dos. En effet, ils passent brutalement d'une vie professionnelle très occupée, très cadrée, à une existence qui n'est guère organisée. Et certains se sentent perdus, comme des enfants.

Mais tous ne réagissent pas de cette manière, car beaucoup sont heureux de mener une vie plus décontractée leur permettant de se consacrer à leur guise au bricolage, au jardinage, à la lecture ou à la vie associative. En fait, la retraite pose surtout des problèmes à ceux qui sont obligés de la prendre trop tôt, en particulier avant 60 ans. Les préretraités en parlent rarement avec jubilation. Au fond d'eux-mêmes, ils vivent cet arrêt brutal des activités professionnelles comme une injustice.

Il arrive aussi que le face à face de la retraite provoque l'éclatement de couples fragiles et peu harmonieux, car l'activité professionnelle avait réussi à masquer peu ou prou les failles de leurs relations.

En général, il y a un temps de flottement inévitable, quand les conjoints sont seuls en tête-à-tête, mais la plupart retrouvent sérénité et joie d'être ensemble après quelques mois. D'autant que, ayant une bonne santé et des moyens financiers que n'avaient pas leurs parents, les retraités actuels peuvent profiter de la vie, voyager, se distraire sans être culpabilisés. Mais il arrive aussi que certains hommes, qui paraissent en pleine forme au début de leur retraite aient un accident cardiaque quelques mois après avoir changé de vie. La situation devient plus difficile à l'entrée du quatrième âge quand, vers 80-85 ans, l'un est malade ou handicapé.

L'épreuve du chômage

– *Le chômage doit provoquer des difficultés plus graves dans les relations de couple?*

– Le chômage masculin est très cruel en raison de la répartition actuelle des rôles familiaux : l'homme est considéré comme celui qui assure la sécurité financière de la famille. Le chômage de l'époux provoque donc une insécurité dans le couple, même si la femme exerce une activité professionnelle. On sait que la situation peut durer longtemps et, dans ce cas, les difficultés financières s'accumulent, en particulier s'il y a des prêts à rembourser.

D'autre part, le chômage détériore l'image de l'homme. Même s'il n'est pas responsable de ce qui lui arrive, il se sent plus ou moins culpabilisé et a le sentiment d'être mal jugé par les siens.

– *Quelle doit être alors l'attitude de la famille?*

– L'épouse peut d'abord éviter certaines maladresses du genre : « Eh bien, tant mieux, tu vas pouvoir t'occuper de tout ce qui n'était pas fait à la maison. » Certaines femmes enferment ainsi leur mari dans des tâches de bricolage et de peinture pour qu'il ne soit pas inoccupé. Comme si c'était d'abord elles qui redoutaient ce vide. Mais il n'est pas sûr que les hommes trouvent une réelle revalorisation dans ces occupations prescrites.

– Quand la femme accentue la dévalorisation masculine en laissant entendre que son mari n'est pas capable de retrouver un travail, ne va t-on pas vers une crise majeure du couple?

– Si la relation conjugale s'est essentiellement nourrie de la recherche d'une bonne image sociale et de réussite professionnelle, le chômage est une catastrophe.

Mais les couples qui ont privilégié les valeurs d'entente et de relation affective supportent mieux cet événement qui bouleverse leur vie. En effet, le regard du conjoint est essentiel pour que le chômeur garde une image de lui-même positive et confiante. D'autant que l'attitude du partenaire a un effet de contagion sur les enfants. Si la mère dénigre le père, les enfants en feront autant et l'homme se sentira vraiment assiégé par les siens.

Reste que le chômage qui dure est une véritable épreuve pour toute la famille, sur le plan financier mais également au niveau des relations. Un père qui ne travaille pas est souvent considéré par les adolescents comme quelqu'un qui n'a plus son mot à dire sur rien.

– Pourquoi le chômage de la femme semble-t-il moins dramatique?

– D'abord certaines femmes peuvent trouver agréable de souffler quelques mois quand elles doivent assumer une double vie, familiale et professionnelle. Elles apprécient aussi d'avoir du temps pour s'occuper davantage des enfants et reprendre contact avec les amies. D'autre part, elles n'ont pas la même sensation de vide que l'homme si elles restent chez elles, car une femme a toujours des choses à faire auxquelles elle a renoncé pour travailler.

Enfin, il me semble que, dans la plupart des cas, la femme ne s'est pas construite en misant tout sur sa profession. Elle travaille souvent par séquences pour avoir des contacts et rester active, mais pas tellement dans le but de faire carrière. Donc la dévalorisation qu'entraîne le chômage peut paraître moins grave à ses yeux et à ceux de son entourage.

Alors que pour l'homme, élevé dans l'idée qu'il devait faire ses preuves en réussissant dans sa carrière, le chômage peut apparaître comme un échec majeur qui entraîne une dépression.

– Certains couples n'ont pas d'enfants : est-ce un handicap pour leurs relations?

– Cela dépend, car on voit aujourd'hui des couples très heureux de ne pas avoir d'enfants même après 8 à 10 ans de mariage. Ils ont organisé leur vie, s'entendent bien à deux et pensent que l'enfant viendra le jour où ils en auront vraiment envie. Ils ne réalisent pas toujours que la nature est moins prodigue quand le couple prend de l'âge. Et s'ils n'arrivent pas à avoir un bébé vers 35 ans, ils sont très déçus.

D'autres, en revanche, aimeraient un enfant très vite et n'y arrivent pas. C'est, pour eux, une épreuve redoutable parce qu'ils aimeraient non seulement avoir une descendance mais aussi parce qu'il est difficile de côtoyer des proches déjà comblés par plusieurs naissances. Je pense à ce jeune couple sans enfants à qui les frères et sœurs pleins de bonnes intentions demandaient d'être parrain ou marraine. Ils voulaient les aider, mais cette demande réactivait leur peine.

Certains couples stériles s'orientent vite vers l'adoption, qui correspond aujourd'hui à un véritable parcours du combattant car, en France, il y a très peu de petits bébés en bonne santé à adopter. Ils vont donc chercher des enfants en Asie ou en Amérique latine. Mais tous ceux qui sont décidés à adopter un enfant finissent par y arriver même si c'est difficile.

Quelques-uns vont tenter toutes les solutions médicales, en particulier les procréations médicalement assistées qui imposent de lourdes contraintes.

Enfin certains n'essayent pas d'avoir un enfant à tout prix mais leur vie pourra être féconde autrement. Reste que les couples sans enfants peuvent souffrir en vieillissant de ne pas être grands-parents, un rôle souvent très gratifiant.

– Mais le fait de ne pas avoir un enfant rapproche-t-il les conjoints ou bien, au contraire, est-ce plutôt une cause de séparation ?

– Il n'y a pas de réponse généralisable, mais une stérilité imprévue reste toujours une épreuve. Car engendrer est à la fois un pouvoir et un don mutuel qui renforce l'attachement de manière incomparable.

Aussi, pour durer, le couple devra déjà faire le deuil, toujours douloureux, de sa fécondité, mais encore réinvestir dans une autre créativité. Certains y réussissent en s'impliquant fortement dans des domaines divers (professionnel, associatif, religieux, artistique). Beaucoup cherchent aujourd'hui à adopter un ou des enfants privés de famille, et leur aventure prend alors une autre dimension.

Sinon le couple risque de s'étioler dans un face à face qui secrète amertume, reproches, égoïsme, ennui… Et l'éventualité d'une séparation affective ou matérielle augmente peu à peu.

La fragilité des familles recomposées

– Autre situation inédite, même si elle devient de plus en plus fréquente, celles des familles recomposées. Que deviennent les relations à l'intérieur du couple quand on vit avec un conjoint qui a déjà des enfants?

– Les familles recomposées sont de plus en plus nombreuses aujourd'hui ; c'est pourtant une situation à risque car on ne sait généralement pas qu'un de ces couples sur deux finit par se séparer à nouveau. Pourtant les conjoints ont des atouts pour eux. Ayant déjà l'expérience d'une séparation qui a laissé des blessures, ils sont animés par le désir d'éviter les erreurs susceptibles de provoquer les ruptures. Ils ont réalisé le plus souvent qu'ils avaient une part de responsabilité dans leur premier échec et on les sent bien décidés à tout mettre en œuvre pour réussir cette nouvelle relation.

Mais ces familles sont souvent affrontées à des difficultés qu'elles n'avaient pas prévues : les partenaires doivent tenir compte des réactions des enfants qui, parfois, souffrent et se plaignent d'être séparés de leur père ou de leur mère ou de ne pas être suffisamment reconnus par leur beau-père ou leur belle-mère.

En général, le remariage a été précédé par un tête-à-tête plus ou moins long entre l'enfant et le parent qui en a la garde. Cela correspond souvent à une période de relations affectives privilégiées, peut-être même exclusives. L'enfant qui a eu les confidences de son père ou de sa mère va être obligé de s'adapter et de céder un peu sa place au nouvel arrivant et à ses enfants.

– Mais le partenaire du père ou de la mère est en général bien disposé à l'égard des enfants qui ne sont pas de lui. Nous

sommes loin des situations où les « marâtres » d'autrefois prenaient plaisir à humilier leur beau-fils ou leur belle-fille.

– Oui, les conjoints qui se remarient sont souvent animés de bons sentiments et la plupart déclarent qu'ils « traiteront aussi bien les enfants de leur femme ou de leur mari que les leurs ». Mais ces intentions louables ne sont pas toujours faciles à concrétiser. Par exemple, les enfants confiés à la garde de leur père acceptent mal une seconde mère, même habitée par une grande générosité.

– Où s'enracinent les difficultés dans ces cas-là ? La nouvelle mère est-elle trop envahissante ?

– Souvent, elle se comporte comme une mère de substitution. Or la vraie mère, elle, n'a pas disparu et, même si elle n'a pas fortement manifesté le désir d'élever ses enfants, elle est toujours là. La femme du père pense sincèrement qu'elle va pouvoir remplacer la mère « de ces pauvres enfants ». Or ce désir de trop grande proximité peut être pesant, car on ne prend pas facilement la place d'une mère.

Donc, la nouvelle épouse du père doit garder une certaine distance en étant consciente qu'elle ne peut pas être tout pour les enfants de son mari. L'échec est inévitable si les jeunes ont l'impression que cette femme, qui leur est étrangère, veut capter l'amour qu'ils portent à leur vraie mère.

Ce rôle de belle-mère n'est pas toujours facile car elle est quand même obligée d'organiser les rythmes et les habitudes de la maison et de prendre en charge la vie des enfants. La difficulté est d'autant plus grande que ces familles sont essentiellement composées d'adolescents. Or, à cette période de l'existence, les relations avec les parents ne sont pas simples.

– Quels conseils donneriez-vous à une femme qui va avoir à s'occuper des enfants de son mari ?

– Elle doit bien mettre sa marque et prendre ses responsabilités pour l'organisation de la vie domestique, en particulier pour réintroduire un minimum d'ordre, de propreté et de régularité si les jeunes avaient pris l'habitude de vivre dans un « grand foutoir ».

Mais dans le domaine de la vie personnelle des enfants (travail scolaire, relations affectives, comportements sexuels) la nouvelle « mère » ne doit pas envahir le territoire des jeunes. Et s'il y a problème, ce n'est pas à elle de tout régler. Son rôle est de sensibiliser le père pour qu'il s'occupe de ses enfants. Je pense à cette fille de 12 ans qui vit avec son père et sa nouvelle femme mais souffre beaucoup d'être séparée de sa mère. Pourtant celle-ci vient la chercher toutes les semaines au domicile de son père. Mais la belle-mère, supportant de plus en plus mal les visites de l'ex-femme de son mari, a fini par dire à l'enfant : « Tu descendras avec ton lapin pour attendre ta mère en bas. » Une erreur majeure car elle intervenait avec autorité dans la vie affective de cette fille. Et même si son agacement était légitime, elle aurait dû demander à son mari de régler le problème lui-même.

Les beaux-parents, et en particulier la belle-mère, doivent rester à leur place, et ne pas vouloir se substituer au vrai père ou à la vraie mère. Dans le cœur de l'enfant, cette place est déjà occupée, et tenter de la prendre peut être ressenti comme une véritable effraction.

– Les tensions sont-elles moins fortes quand les enfants restent avec leur mère et que c'est un homme qui entre dans la famille ?

– Oui, car leur vie n'est pas autant bouleversée, l'homme ne se chargeant pas de gérer la quotidienneté.

Sa présence paraît donc moins envahissante aux enfants de sa femme.

La dépression alimente l'agressivité

– La maladie de l'un des conjoints est souvent une redoutable épreuve pour le couple. Comment les relations conjugales doivent-elles se réorganiser?

– Je n'évoque pas les conséquences d'un gros pépin, tel que la maladie d'Alzheimer par exemple. Je pense plutôt aux conjoints qui sont blessés dans un accident et qui en gardent des séquelles ou à ceux, de plus en plus nombreux qui sont touchés par une dépression.

Dans une vie conjugale qui a déjà duré vingt ou trente ans, on assiste parfois à des phénomènes d'alternance : tantôt c'est lui, tantôt c'est elle qui est atteint par la dépression. Mais, loin d'aider les partenaires à mieux se comprendre, ces phases dépressives alternées enveniment les relations, celui qui n'est pas en crise se sentant abandonné.

Souvent le déprimé vit en effet replié sur lui-même, uniquement préoccupé par sa maladie et ses médicaments. Et il peut avoir des sautes d'humeur imprévisibles. Aussi l'entourage se sent-il paralysé, n'osant plus rien dire, de peur de déclencher la tempête. La dépression secrète donc une sorte d'agressivité rentrée dans le couple, qu'il n'est pas simple de surmonter. Celui qui est déprimé a déjà une image très négative de lui-même, que son partenaire renforce en lui reprochant de ne pas faire d'efforts pour s'en sortir.

– Alors, que peuvent faire les conjoints pour éviter que le couple ne se déchire?

– Le dialogue, quand il est possible, est positif. Je pense à cet homme dépressif, qui était particulièrement agacé par les propos de sa femme. Celle-ci, croyant lui faire du bien, ne cessait de l'asticoter en lui reprochant d'être « toujours dans sa rêverie et de ne pas répondre à ses questions ». La situation semblait figée.

Puis un jour, au cours d'un entretien, il a pris le temps de lui expliquer pendant trois quarts d'heure ce qu'il ressentait et à quel point il lui était difficile de sortir de lui car sa maladie accaparait toute son énergie. D'abord étonnée, elle l'a écouté et je crois qu'ayant ensuite mieux compris ce qu'il vivait, elle l'a beaucoup moins bousculé.

Mais vivre au côté d'un conjoint déprimé exige, c'est vrai, beaucoup de patience et de dévouement.

Conclusion
La parole vraie pour nourrir le couple

– *Nous l'avons vu dans les chapitres précédents, la vie du couple est une sorte de pari. Deux personnes qui ont chacune leur caractère, une histoire différente, et qui veulent être elles-mêmes, doivent s'adapter l'une à l'autre et vivre ensemble les grands moments de joie et les épreuves. Alors, comment un homme et une femme désireux de garder leur différence peuvent-ils s'aimer pendant vingt, trente, quarante ans ou plus ?*

– Le désir d'amour entre deux êtres est une aspiration inscrite en chacun de nous, tellement fort que la littérature s'en est fait l'écho depuis très longtemps. Et l'art n'a pas seulement célébré l'amour passionnel qui ne dure pas. Les mythes d'Ulysse et Pénélope, de Philémon et Beaucis révèlent notre désir d'un amour qui s'inscrit dans le temps.

Mais l'amour durable n'est pas seulement un rêve de l'homme. C'est une réalité que nous observons tous les jours autour de nous, car de nombreux couples réussissent à négocier les virages difficiles qui accompagnent toute vie conjugale. Et la durée, loin d'affadir leur amour, les aide au contraire à construire une relation solide. Nous connaissons tous des couples d'un certain âge qui vivent ce quelque chose d'impalpable qui nous semble être le bonheur.

– Mais comment font-ils pour s'entendre malgré leurs différences ?

– « S'entendre », tout est là. La parole, beaucoup plus que la sexualité, est le lieu essentiel de la réussite conjugale. Les couples en difficulté le disent bien : « On ne peut plus rien se dire », « on ne se comprend pas », « on ne se parle plus ». Je crois que les conjoints attentifs à la parole peuvent surmonter pratiquement toutes les difficultés. Ils trouvent la bonne distance s'ils sont capables d'exprimer leur propre parole et d'entendre celle de l'autre.

Quand un couple vient nous voir en conseil conjugal, nous alertons les partenaires sur ce point. « Avez-vous entendu ce que votre mari (ou votre femme) vient de vous dire ? » ; « et vous, qu'en pensez-vous ? » Nous passons notre temps à faire ce va-et-vient entre les conjoints pour faciliter l'expression de celui qui ne dit rien et ralentir le débit de celui qui parle trop.

Le travail sur la parole me paraît essentiel, plus important même que la préoccupation du savoir-faire sexuel. C'est vraiment dans ce domaine que le couple réussit ou échoue.

Je suis optimiste

– Mais pourquoi cette importance de la parole ?

– Parce que le couple doit trouver la bonne distance entre la fusion et l'autonomie des personnes. Il n'y arrivera que si la parole fonctionne bien. L'amour doit concilier deux mouvements contraires : le désir de ne faire qu'un avec celui qui est unique à nos yeux car il est tout pour nous, et la nécessité d'être soi sans dépendre d'autrui.

C'est la parole qui me permet de ne pas être engloutie par l'autre dans la mesure où je peux lui dire ce que je pense, et lui exprimer mon désaccord. Ma parole m'aide à rester moi-même et, si j'entends ce que dit l'autre, je lui permets d'exister lui aussi. La parole doit donc être la nourriture de base du couple moderne. Peut-être a-t-elle moins d'importance dans des cultures où les rôles sociaux imposent que l'un des partenaires soit très dépendant de l'autre.

– Toute parole est-elle bonne à dire ? N'y a-t-il pas des mots qui peuvent tuer l'amour ?

– Les jeunes amants rêvent de pouvoir tout se dire, car la transparence leur semble être la « preuve » de l'authenticité de leur amour. Mais c'est un leurre, et le temps va inévitablement leur faire découvrir que le dialogue, essentiel à l'affermissement du lien conjugal, reste en même temps source de frustrations. Car il n'est jamais à la hauteur des attentes imaginaires !

Mais autre chose concerne la parole utilisée délibérément pour son aspect blessant (les injures) ou même meurtrier. Ainsi certains aveux, sous prétexte de repentir, de demande d'aide ou de pardon, peuvent fonctionner comme de vraies torpilles et révéler alors leur dimension sadique. On rejoint là encore le pouvoir des mots !

– De même qu'on apprend avec un moniteur d'auto-école à connaître le profil et le relief de la route, pensez-vous qu'une préparation à la vie de couple, au moment de l'adolescence ou bien avant (ou même après) le mariage, réduirait le nombre des ruptures ?

– Certainement. Quand des personnes viennent en conseil conjugal avec un désir authentique de comprendre ce qui leur arrive et de surmonter la difficulté, elles y parviennent le plus souvent.

L'expérience que nous menons au CLER avec les « équipes 3 ans »[1] montre que les couples peuvent apprendre à faire face aux tensions et aux conflits. Eux-mêmes nous disent que cette formation leur apprend à trouver le moyen de s'en sortir en cas de crise. Ils ne se sentent plus seuls et démunis devant les obstacles car ils savent où chercher la solution (en eux et autour d'eux) pour retrouver le chemin de la communication. Je suis persuadée que beaucoup de gens qui se séparent ignorent comment s'y prendre pour rétablir le lien. Bien sûr, quelques couples n'y parviennent pas car leur histoire, trop lourde, les empêche de s'accorder. On voit aussi des pervers qui découragent les meilleures volontés.

Mais le tableau n'est peut-être pas aussi sombre qu'on le croit. Certes, les divorces sont plus nombreux qu'autrefois mais les couples actuels ne passent pas seulement 15 à 20 ans de leur vie ensemble, mais 40 ou 50. Et je ne suis pas sûre que, sur une période aussi longue, l'indice de rupture soit tellement plus fort. D'ailleurs deux couples sur trois ne divorcent pas.

– Selon vous, une meilleure préparation des futurs couples permettrait d'éviter des ruptures qui ne s'imposent pas ?

– Oui, je suis optimiste quand je vois ce qui s'est fait pour les enfants sur le plan pédagogique. On a compris peu à peu qu'il ne suffisait pas de mener les gamins à la trique pour les éduquer. On a évité des erreurs et maintenant les enfants dont on s'occupe intelligemment se développent beaucoup

---

1. Voir page 78.

mieux. Je pense qu'on pourra réaliser des progrès semblables pour apprendre aux hommes et aux femmes à vivre heureux ensemble en s'acceptant différents.

Table des matières

Achevé d'imprimer le 6 mars 1998
dans les ateliers de Normandie Roto Impression s.a.
61250 Lonrai
N° d'impression : 980394
Dépôt légal : mars 1998